중급을 위한

Japanese Writing

한 단계 UP! 일본어 작문 교과서

중급을 위한 Japanese Writing

한국외국어대학교 일본언어문화학부 교재편찬위원회 지음

中級のための
日本語
書き込み式
テキスト

U:iNE

일러두기

본 교재는 초급 후반에서 중급 초반의 일본어 학습자를 대상으로 합니다. 입문 및 초급레벨의 학습을 어느 정도 마친 학습자의 일본어 쓰기(writing) 능력을 향상시키는 것을 목표로 하고 있는데, 본 교재를 소화하면 중급 후반에서 상급 전반의 쓰기 능력을 가지게 될 것입니다.

본 교재의 '쓰기'는 크게 두 가지로 나뉩니다. 첫째는 학습 문형, 어휘 등을 이용하여 한국어를 일본어로 옮기는 '작문(composition)활동'이고, 둘째는 주어진 주제에 대해 자신의 생각을 일본어로 나타내는 '표현(expression)활동'입니다. 이를 통해 '글을 쓰는 목적, 대상, 상황에 맞게 일본어로 자연스럽게 글을 쓸 수 있는 능력'과 '논리적인 사고와 의사 표현력'의 향상을 도모합니다.

본 교재는 제1과부터 제14과까지 총 14개 과로 구성되어 있습니다.

제1, 2, 4, 5, 7, 8, 10, 11과는 '작문활동'이, 제3, 6, 9, 12과는 '표현활동'이 주된 내용으로 되어 있습니다. '작문활동'은 초급 후반에서 중급 초반의 학습자가 일본어 문법과 어휘를 정확하고 자연스럽게 익힐 수 있도록 학습내용이 풍부한 예문과 함께 제시되어 있습니다. '표현활동'은 구체적으로 제3과 '회화체 표현과 문장체 표현(書きことばと話しことば)', 제6과 '의견문 쓰기(意見文を書こう。)', 제9과 '요약문과 자기소개서 쓰기(要約文と自己PR文を書こう。)', 제12과 '비즈니스 메일 쓰기(ビジネスメールを書こう。)'로 구성되어 있습니다.

한 과마다의 구성은 기본적으로 아래와 같습니다.

Essence 그 과의 주요 학습내용. 문법 항목 및 용법을 적절한 예문과 함께 제시합니다. 학습항목의 암기보다는 여러 예문을 접하면서 귀납적으로 학습내용을 이해할 수 있도록 했습니다.

Writing1 Essence를 이용하는 기초 작문.

Writing2 Essence와 주어진 키워드를 이용하는 응용 작문.

Writing1, 2를 통해 문을 만드는 능력을 키웁니다. 번역이 아닌 작문 능력을 키우기 위해 한국어로 제시된 내용을 일본어로 작문합니다. 적절한 양의 연습을 통해 Essence의 내용을 이해하고 작문에 적용시키게 됩니다.

Level Up 글쓰기 실력 향상에 도움이 되는 표현과 문형.

Level Up은 하나 혹은 둘로 구성이 됩니다. 우선 하나는 그 과에 관련된 내용으로 중급 이후의 일본어 학습에서 빼놓을 수 없는 용법에 관련된 것입니다. Writing1, 2보다는 어렵지만 위의 학습 단계로 오르기 위해서는 빼놓을 수 없는 부분입니다. 또 하나는 학습 단계에 맞춘 추가 문형과 예문입니다. 중급에서 반드시 확인해 두어야 할 문형을 엄선했습니다. 이 부분을 통해 명실공히 Level Up할 수 있는 실력을 갖추게 될 것입니다.

다만 각 과의 Essence, Writing, Level Up의 개수를 일률적으로 하지는 않았습니다. 내용과 학습 분량, 난이도 등을 고려하여 최적으로 조정되어 있습니다.

본 교재의 용언의 활용형과 조동사는 어려운 문법용어를 지양하고 학습자와 교사 모두 쉽게 이해할 수 있도록 있도록 어형을 기준으로 한 활용형태(예〉 일본어학에서의 '사역형'→ '−a・seru')를 제시하고 있습니다. 또한 조동사에 접속하는 용언의 형태는 모두 '～'로 표시하였으며 제시 문형을 보고 귀납적으로 접속형태를 알 수 있도록 했습니다.

본 교재는 사용 장면에 있어서의 '교사의 존재'를 전제로 제작한 것입니다. 교재는 크게 교수자의 존재를 전제로 한 '교과서'와 교수자의 존재를 전제로 하지 않는 '참고서'로 나뉩니다. 본 교재는 '교과서'로 제작되었습니다. 우수한 교사의 계획 및 관리하에 학습내용을 이해하고 이를 실제의 작문에 적용하며, 한 단계 위의 내용을 익히는 것을 목표로 합니다. 초급 후반, 중급 전반의 작문교재의 부족을 호소하는 작금의 한국의 일본어교육 사정을 고려하여 제작하였습니다. 많은 교육기관에서의 사용을 기대합니다. 다만 본 교재가 자발적이고 자립적인 학습자의 존재를 전혀 고려하지 않은 것은 아닙니다. 풍부한 예문과 모범답안 등으로 학습에 열의가 있는 학습자라면 교사 없이도 충분히 학습을 수행할 수 있도록 하였습니다.

마지막으로 본 교재는 한국인 학습자를 대상으로 일본어교육에 종사해 왔으며 현재도 일본어교육의 현장에 서 있는 집필진에 의해 제작되었습니다. 일본어교육학과 일본어학의 전문가로서의 관점을 바탕으로 해당 분야의 최신 연구 동향을 적용하고, 일본어교육 현장에서의 경험과 성과를 아낌없이 반영하였습니다. 하지만 개선할 부분도 있다고 생각합니다. 본 교재를 사용하시는 교사, 학습자 여러분의 많은 의견을 부탁드립니다. 감사합니다.

2021년 이른 봄에, 저자 일동

차례

교재 구성표

課	구분	내용
第1課 出口はここではなかった。	Essence	1. 명사문(名詞文) 2. 형용사문(形容詞文)
	Writing	1. 명사문·형용사문 작문하기 2. 키워드를 사용하여 명사문·형용사문 작문하기
	Level Up	1. 上（うえ） 2. 〈難易·程度〉
第2課 ボタンを押せば缶コーヒーが出ます。	Essence	1. 동사의 활용(動詞の活用) 2. 「～たい」와 「～てほしい」
	Writing	1. 동사문·희망문 작문하기 2. 키워드를 사용하여 동사문·희망문 작문하기
	Level Up	1. 下(した·もと) 2. 〈比較〉
第3課 書きことばと話しことば	Essence	1. 회화체 표현과 문장체 표현1 - 활용(活用) 2. 회화체 표현과 문장체 표현2 - 부사(副詞) 3. 회화체 표현과 문장체 표현3 - 접속사(接続詞)
	Writing	1. 회화체 표현을 문장체 표현으로 바꾸기 2. 키워드를 사용하여 문장체 표현 작문하기
	Level Up	1. 질문에 대한 답을 문장체 일본어로 쓰기 2. 〈出来事(例示·換言)〉
第4課 名前が呼ばれたので、発表させていただきました。	Essence	1. -r·areru의 수동(受身)용법과 자동사(自動詞) 2. -s·aseru와 타동사(他動詞) 3. -s·ase＋ていただく
	Writing	1. 수동·사역과 자타동사 표현 작문하기 2. 키워드를 사용하여 수동·사역과 자타동사 표현 작문하기
	Level Up	1. 「-s·aseru＋-r·areru」 2. 〈動作の対象〉

課	区分	内容
第5課 ありえない事件が起き、案じられてならない。	Essence	1. -r·areru의 자발(自発)·존경(尊敬)·가능(可能) 용법 2.「~ことができる」「~うる / える(得る)」
	Writing	1. 자발·존경·가능 표현 작문하기 2. 키워드를 사용하여 자발·존경·가능 표현 작문하기
	Level Up	1. 자발(自発)의 자주 쓰는 용법 2. 〈働きかけ(義務·許可)〉
第6課 意見文を書こう。	Essence	1. 의견문의 구성(意見文の構成) 2. 의견을 나타내는 문장체 표현(意見文における書きことば)
	Writing	1. 짧은 의견문 쓰기 2. 중간 길이의 의견문 쓰기 3. 긴 의견문 쓰기
	Level Up	〈判断·評価の視点〉
第7課 外国人観光客が増えてきている。	Essence	1.「~ている」「~てある」 2.「~ておく」「~てしまう」 3.「~ていく」「~てくる」
	Writing	1. 사태의 국면을 나타내는 표현 작문하기 2. 키워드를 사용하여 사태의 국면을 나타내는 표현 작문하기
	Level Up	〈局面〉
第8課 火事が起きたら、まず通報しましょう。	Essence	1. 조건(条件)을 나타내는 표현 2. 이유(理由)를 나타내는 표현
	Writing	1. 조건·이유 표현 작문하기 2. 키워드를 사용한 조건·이유 표현 작문
	Level Up	〈提案·勧告〉

課	区分	내용
第9課 要約文と自己PR文を書こう。	Essence	1. 요약문 쓰기의 요령(要約文の書き方) 2. 자기소개서의 구성(自己PR文の構成)
	Writing	1. 요약문 쓰기 2. 자기소개서 쓰기 3. 취업용 자기소개서 쓰기
	Level Up	〈出来事(経験)〉
第10課 先生に教えてもらおう。	Essence	1. 사물의 이동과 수혜를 나타내는 표현(授受表現)
	Writing	1. 수수표현 작문하기 2. 키워드를 사용하여 수수표현 작문하기
	Level Up	1.「-(sa・seru) + ていただく」と「~いたす」 2. 〈意志·決定〉
第11課 どうも犯人は逃げたようだ。	Essence	1. 추량(推量)「~だろう / であろう」 2. 징후성1(兆候性1)「~ようだ / みたいだ」 3. 징후성2(兆候性2)「~そうだ」 4. 징후성3(兆候性3)「~らしい」 5. 전문(伝聞)「~そうだ」 6. 가능성(可能性)「~かもしれない」「~に違いない」「~に決まっている」
	Writing	1. 화자의 주관성을 나타내는 표현1 작문하기 2. 키워드를 사용하여 화자의 주관성을 나타내는 표현1 작문하기
	Level Up	〈抽象関係(理由)〉
第12課 ビジネスメールを書こう。	Essence	1. 비즈니스 메일 표현(ビジネスメールにおける表現)
	Writing	1. 비즈니스 표현으로 바꾸기 2. 비즈니스 메일 빈칸 채우기 3. 주어진 상황에 따른 비즈니스 메일 쓰기 4. 자유롭게 상황을 설정하여 비즈니스 메일 쓰기
	Level Up	〈時間関係〉

과	구성	내용
第13課 いい結果があるはずだ。	Essence	1.「~のだ」 2.「~はず」 3.「~わけ」 4.「~つもり」
	Writing	1. 화자의 주관성을 나타내는 표현2 작문하기 2. 키워드를 사용하여 화자의 주관성을 나타내는 표현2 작문하기
	Level Up	〈心情の強調·主張·譲歩〉
第14課 白を切っても無駄だ。	Essence	1. 여러 가지 관용구(慣用句) 2. 한국어와 다른 표현(日本語ならではの表現)
	Writing	1. 관용구 표현 작문하기 2. 일본어 특유 표현 작문하기
	Level Up	〈抽象関係(状態)〉

第1課

出口はここではなかった。

Essence 1 명사문(名詞文)

普通体	丁寧体
AはBだ	AはBです
AはBではない	AはBではありません／ないです
AはBだった	AはBでした
AはBではなかった	AはBではありませんでした／なかったです

京都は有名な観光地だ。

彼はもう子供ではありません。

子供の頃の夢は教師でした。

出口はここではなかった。

彼女は私の親しい友人でもあります。

Essence 2 형용사문(形容詞文)

い形容詞(～い＋名詞)		な形容詞(～な＋名詞)	
普通体	丁寧体	普通体	丁寧体
～い	～いです	～だ	～です
～くない	～くありません	～ではない	～ではありません
～かった	～かったです	～だった	～でした
～くなかった	～くありませんでした	～ではなかった	～ではありませんでした
～くて		～で	
～ければ		～であれば	

この建物はまだ新しいです。

今日のソウルは暖かくありません。

海はきれいで、空は青かった。

子供のころは納豆が嫌いだった。

もう少し砂糖の量が多ければよかった。

Writing 1 다음 한국어를 일본어로 바꾸시오.

(1) 중국의 수도는 베이징이다.

(2) 여기는 아이들 놀이터가 아닙니다.

(3) 에베레스트는 옛날에는 산이 아니었어요.

(4) 저출산 고령화(少子高齢化)는 한국의 문제이기도 하다.

(5) 이번 일은 그 누구의 탓도 아니다.

(6) 아버지가 직접 만든 요리는 언제나 맛있어요.

(7) 어젯밤 무서운 꿈을 꾸었다.

(8) 그렇게 쉬운 문제가 아닙니다.

(9) 저런 자랑은 별로 부럽지 않다.

(10) 수험생의 생활은 편하지 않습니다.

(11) 사토(佐藤) 선배는 항상 밝고 기운이 넘친다.

(12) 작문 선생님은 친절하고 상냥하다.

(13) 그 영화는 전혀 재미있지 않았다.

(14) 70년 전 도쿄 거리는 깨끗하지 않았습니다.

(15) 여러분의 신고가 빠르면 빠를수록 범인을 잡을 확률이 높아집니다.

Writing 2 키워드를 사용하여 한국어를 일본어로 바꾸시오.

(1) 그는 학교에서는 소문난 미남이기는 했지만 구두쇠로 유명했다.

(うわさ, イケメン, ケチだ, 有名だ)

(2) 10살 차이 나는 동생이 자기밖에 몰라서 걱정이다.

(年下, わがままだ, 心配だ)

(3) 첫사랑은 젊었던 시절의 달콤쌉싸래한 추억이다.

(初恋, 若い, ほろ苦い)

(4) 그 화가의 그림은 신비롭고 상상력이 풍부하며 아름다웠다.

(画家, 神秘的, 想像力豊かだ, 美しい)

(5) 그 젊은 가수는 노래도 잘하고 춤도 잘 추며 끼도 넘쳤다.

(若い, 上手い(うまい), 上手だ(じょうず), 才能豊かだ)

(6) 일본어 어휘의 절반은 한자어이기는 하지만 외래어도 적지 않다.

(語彙(ごい), 半分, 漢語(かんご), 外来語(がいらいご), 少ない)

(7) 그녀는 환하게 웃는 얼굴이어서 싫지만은 않은 표정이었다.
(明るい, 笑顔, 満更(まんざら)でもない, 表情)

(8) 일본에서 가장 작은 행정구역은 가가와현이고 그 다음이 오사카부이고 그 다음이 도쿄도다. (最も, 小さい, 都道府県(とどうふけん), 香川県(かがわけん), 大阪府(おおさかふ), 東京都(とうきょうと))

Level Up 1

上（うえ）

01 丘の上に家がある。

（＝家が丘の上にある。）

02 日本語を勉強する上で漢字はとても重要だ。

（＝日本語を勉強するにあたって漢字はとても重要だ。）

03 募集内容をよく読んだ上で、応募してください。

（＝募集内容をよく読んでから／読んだ後で、応募してください。）

04 彼は仕事ができる上に家事もできる。

（＝彼は仕事も家事もよくできる。／彼は仕事もできるし、家事もできる。）

다음 일본어를 비슷한 뜻의 문장으로 바꾸시오.

(1) 机の上に誰かのカバンがある。

→

(2) 日本語を勉強する上で大事なことは何ですか。

→

(3) 契約書をよく読んだ上でサインをする。

→

⑷ みんなの意見を聞いた上で決めましょう。

→

⑸ このアイドルは演技ができる上に歌も上手い。

→

⑹ 彼のレポートは入力ミスが多い上に内容も分かりにくい。

→

Level Up 2 <難易・程度>

01 ～やすい

・この教科書は字が大きくて読みやすいです。
・体調を崩しやすい時期ですので、どうぞお大事に。

02 ～にくい

・雪道はハイヒールの靴では歩きにくいです。
・このコップは丈夫で落としても割れにくいです。

03 ～すぎる

・駅近くの部屋は、家賃が高すぎてとても住めません。
・夕飯を食べすぎてお腹がいっぱいです。

04 あまりに

・10 年ぶりに友人と再会し、あまりにうれしくて涙が出ました。
・山田さんの転勤の知らせは、あまりに急な話だったので驚きました。

05 ～がち

・今週は曇りがちの天気が続いていましたが、今日は久しぶりに良く晴れました。
・彼女に電話すると、どうしても長話になりがちです。

MEMO

第2課

ボタンを押せば缶コーヒーが出ます。

Essence 1 동사의 활용(動詞の活用)

– ru동사의 활용방법

活用の方法	活用例(見る)
-ru	みる(見る)
-nai	みない(見ない)
-masu	みます(見ます)
-reba	みれば(見れば)
-ro	みろ(見ろ)
-yō[1]	みよう(見よう)
-te·ta·tari・tara	みて(見て) みた(見た) みたり(見たり) みたら(見たら)

1 ru동사의 경우는 어미 'る(ru)'를 빼고 'よう(yo+u= yō)'를 붙인다. '–よう(–yō)'는 [yoː]로 발음한다. u동사의 경우는 어미 'u'를 'o'로 바꾸고 'u'를 붙인다(–o+u= ō). '–う(–ō)'는 [oː]로 발음한다.

– u동사의 활용방법

活用の方法	活用例(見る)
-u	かく(書く)
-nai	かかない(書かない)
-masu	かきます(書きます)
-eba	かけば(書けば)
-e	かけ(書け)
-ō	かこう(書こう)
-te·ta·tari・tara	かいて(書いて) かいた(書いた) かいたり(書いたり) かいたら(書いたら)

– 불규칙동사의 활용방법

来る	する
くる(来る)	する
こない(来ない)	しない
きます(来ます)	します
くれば(来れば)	すれば
こい(来い)	しろ
こよう(来よう)	しよう
きて(来て) きた(来た) きたり(来たり) きたら(来たら)	して した したり したら

<ru動詞>

彼は普段、晩ごはんを食べない。

油を入れて野菜を炒(いた)めます。

お前はここにいろ。

せっかくのバイキングだからいっぱい食べよう。

寒かったから、窓を閉めて暖房をつけた。

<u動詞>

私はそうは思わない。

この薬はよく効きます。

ここにコインを入れてボタンを押せば缶(かん)コーヒーが出ます。

大丈夫だよ。頑張れ！

声が小さくて何を話そうとしているのか分からなかった。

今日は取引先に行ってきたので、早めに帰ります。

冬は朝からお風呂に入ったりする。

生きる意味を自分に問うてみる。

娘がなかなか帰ってこない。

SNSをしない人もいる。

手続きをすれば、税金が戻ってくる。

Essence 2 「~たい」와「~てほしい」

おいしいお寿司が食べたい。

怖い映画は見たくない。

あの政治家は言いたい放題だ。

あなたには誕生日パーティーにぜひ来てほしい。

この都市の魅力をもっと知ってほしい。

そんな甘い考えで留学に行ってほしくない。

Writing 1 다음 한국어를 일본어로 바꾸시오.

(1) 너무 맛있어서 말이 나오지 않는다.

(2) 보통은 아침 6시에 일어납니다.

(3) 보면 볼수록 귀여운 아기다.

(4) (지하철에서 친구에게) 야, 빨리 좀 내려라.

(5) 내일 일은 내일 생각하자.

(6) 약을 먹어도 별로 효과가 없었다.

(7) '달려라, 메로스'라는 다자이 오사무(太宰治)의 소설이 있다.

(8) 오늘은 친한 친구와 즐겁게 놀았다.

(9) 울지 않는 두견새를 보고, 오다 노부나가(織田信長)는 '울지 않으면(鳴かぬなら) 죽여버려라, 두견새(ホトトギス)'라고, 도요토미 히데요시(豊臣秀吉)는 '울지 않으면 울려보이마, 두견새'라고, 도쿠가와 이에야스(徳川家康)는 '울지 않으면 울 때까지 기다리마, 두견새'라고 했다고 한다.

(10) 답장이 좀처럼 오지 않는다.

(11) 오늘은 일찌감치 학교에 와서 청소를 하고 운동장을 달렸다.

(12) '보고 싶다'라는 노래를 가장 좋아합니다.

(13) 하고 싶지 않아도 해야만 하는 일이 있다.

(14) 이 학생들과 헤어지고 싶지 않다.

(15) 장래에는 어떤 직업을 가지고 싶나요?

(16) 저에게 고쳤으면 하는 점이 있나요?

(17) 그런 말은 안 했으면 좋겠다.

Writing 2 키워드를 사용하여 한국어를 일본어로 바꾸시오.

(1) 요즘 너무 많이 먹어서 살이 5kg나 쪘다. 빨리 빼고 싶다.
(食べる, 過ぎる, 太る, やせる)

(2) 하고 싶은 말이 있으면 확실하게 말해주었으면 한다.
(言う, ある, はっきり)

(3) 무한리필 고기가게에 가서 한 시간에 10인분이나 먹었다.
(食べ放題, 焼き肉屋, 行く, 食べる)

(4) 나도 읽고 싶으니까 빌려준 책 그만 돌려줬으면 좋겠어.
(読む, 貸す, 返す)

(5) 나이가 들면 들수록 눈물이 많아져서 난감하다. 울고 싶어도 참아야겠다.
(年を取る, 涙もろい, 困る, 泣く, 我慢する)

Level Up 1

下(した・もと)

01 目の下にほくろがある。
(=ほくろが目の下にある。)

02 下準備をしてから料理を作る。
(=前もって準備をしておく。その後、料理を作る。)

03 トレーナーの指導の下で筋トレをする。
(=トレーナーから丁寧に指導を受けて筋トレをする。)

04 法律の下で生活する。
(=人間は法律が及ぶところで生活する。)

다음 일본어를 비슷한 뜻의 문장으로 바꾸시오.

(1) テーブルの下に猫がいる。

→

(2) 旅行の前に下調べをする。

→

(3) 上司の指導の下、仕事を進める。

→

(4) 厳しい管理の下で製品を作る。

→

Level Up 2 <比較>

01 ～より～ほうが

・自炊に慣れて、外食するより家で食べるほうが楽になりました。
・私は自分が話すより他の人の話を聞くほうが好きです。

02 ～のと～のとどちら

・空港まで地下鉄で行くのとバスで行くのとどちらがはやいですか。
・スポーツをするのと見るのとどちらが好きですか。

03 ～ほど～否定

・風が強いですが、今日は昨日ほど寒くないです。
・わたしは高橋さんほど速く走れません。

04 ～どころか

・私はお酒に弱くて、ウイスキーどころかビールも飲めません。
・旅行先で熱を出してしまい、観光するどころか外にも出られませんでした。

第3課

書きことばと話しことば

Essence 1 회화체 표현과 문장체 표현1 - 활용(活用)

話しことば	書きことば
名詞／な形容詞語幹＋だ	名詞／な形容詞語幹＋である
名詞／な形容詞語幹 ＋で	名詞／な形容詞語幹 ＋であり、
い形容詞語幹 ＋くて	い形容詞語幹 ＋く、
動詞＋て	動詞(-masu)、
動詞＋ていて	動詞＋ており、
動詞＋ていなくて	動詞＋ておらず、
動詞＋ないで	動詞＋ず(に) ※くる→こず(に)，する→せず(に)

※語幹(ごかん：어간)：활용할 때 변하지 않는 부분

景福宮は朝鮮時代の王宮である。

その町は賑やかであり、広かった。

山道は狭く、登りづらかった。

人間は学習し、成長する。

輸出は順調に増えており、好調であった。

台風の前に十分備えておらず、家屋への被害も大きかった。

更新カードが送られてこず、有効期限が切れてしまった。

食事もせずに、ゲームに夢中になっている。

Essence 2 회화체 표현과 문장체 표현2 - 부사(副詞)

話しことば	書きことば
とても／すごく	非常に／大変
もっと	より
ちょっと	若干／多少
大体	ほぼ
たぶん	恐らく
ちゃんと	きちんと

彼の英語の発音は非常に滑(なめ)らかである。

より日本語学習が楽しくなる。

輸入は若干減っている。

彼女の当選はほぼ確実である。

戦争は恐らく起きないであろう。

この会社は法律をきちんと守っている。

Essence 3 회화체 표현과 문장체 표현3 - 접속사(接続詞)

話しことば	書きことば
それで／だから	そのため／従って
でも	とはいえ
けれども／けど／だけど	しかし／だが
ところで	一方

その選手はいつも人の倍以上頑張ってきた。そのため、優勝できた。

容疑者の疑いが晴れた。従って、釈放(しゃくほう)となった。

この社会は豊かになった。とはいえ、格差も広がっている。

彼は先生にレポートを出したと言う。一方、先生は受け取っていないと言う。

Writing 1 다음 일본어를 문장체로 바꾸시오.

(1) 韓国の首都はソウルで、日本の首都は東京だ。

(2) 空は青くて海は静かで穏やかだった。

(3) 大学に進んでたくさんのことを学ぶ。

(4) みんなで話し合ってスケジュールを決める。

(5) 蚊が大量発生していて住民たちが困っている。

(6) 出火原因はまだ分かっていなくて警察が調べている。

(7) 被害者は家族には連絡しないでひとりで耐(た)えていた。

(8) 万引(まんび)きをした老人は理由も言わないで黙っている。

(9) もっとよい方法を考える必要がある。

(10) 今年の入試問題は、ちょっと難しかった。

(11) 新しい建物は大体完成している。

(12) 今日の為替(かわせ)レートはたぶん下がるだろう。

(13) 大地震(おおじしん)に備えるための対策がちゃんと立ててある。

(14) 彼は何十年もタバコを吸ってきた。それで病気になった。

(15) 最近、あのゲームが流行っている。でも、とても高価だ。

(16) お盆には実家に戻りたかった。けど、今年は無理だった。

(17) 今年の景気はよかった。ところで、来年はどうなるのだろう。

Writing 2 **키워드를 사용해 문장체 일본어로 바꾸시오.**

(1) 길이 좁아 짐을 나르기 힘들었다. 하지만 사람들은 힘을 모아 길을 나아가 목적지에 도착했다. (狭い, 運びづらい, 合わせる, 目的地, 到着する)

(2) 그 침팬지는 인간의 언어를 학습하여 약간 의사소통이 가능하게 되었다. 그렇다고는 해도 아직 대부분은 이해하지 못해 계속 학습시켜야만 했다.
(チンパンジー, 学習する, コミュニケーション, ほとんど, 理解する, 続ける)

(3) 설명서를 읽지 않고 기계를 작동시켜서는 안 된다. 왜냐하면 대단히 위험하기 때문이다. (説明書, 読む, 動かす, 危ない)

(4) 물가가 다소 올랐다. 그래서 많은 공공요금도 동시에 가격이 인상되었다. 정부가 더 적극적으로 대응해주었으면 좋겠다.
(公共料金, 同時に, 値上がりする, 対応する)

(5) 이 기자의 주장에는 동의할 수 없다. 왜냐하면 제대로 된 근거를 제시하지 않아 신뢰성이 없기 때문이다. (同意する, 根拠, 提示する, 信頼性, 欠ける)

(6) 폭염이 계속되어 건강을 해치기 쉬운 때이다. 더위를 참지 말고 에어컨을 켜곤 하여 건강을 지키자.

(猛暑, 続く, 体調を崩(くず)す, 時期, 我慢する, クーラーをつける, 守る)

(7) 초미세먼지로 인한 대기오염이 심각해져서, 우리들의 생활에도 많은 영향을 끼치고 있다. 따라서 초미세먼지 저감을 위해 여러 가지로 머리를 맞대야 한다.

(PM2.5, 大気汚染, 深刻になる, 影響を及ぼす, 低減, 様々な, 工夫をする)

(8) 그는 게임에 빠져 24시간이나 잠을 자지 않고 게임만 하고 있었다. 그래서 주변 사람들이 억지로 그만 두게 하여 병원에 데려갔다.

(夢中になる, 過ぎる, 寝る, 周り, 無理やりに, やめる, 連れる)

Level Up 1

다음 질문에 대해 자신의 생각을 문장체 일본어로 간단하게 써보자.

質問1: 洪水(こうずい)で避難する時に手に持っていたほうがいいものは？

＜A＞傘　　　　＜B＞懐中電灯(かいちゅうでんとう)

質問2: 地震が起きた時、家の中での正しい行動は？

<A>テーブルの下にもぐる。　<B>急いで玄関に移動する。

Level Up 2 <出来事(例示・換言)>

01 例えば

- 飲み物でしたら、例えばコーヒー、緑茶などがありますが、いかがですか。
- 休日をゆっくり過ごしたいなら、例えば温泉なんかどうですか。

02 つまり

- 彼は、私の母の兄の息子、つまりいとこです。
- 接客中は状況を見ながら対応する力、つまり、臨機応変さが必要です。

03 ちなみに

- 風邪のときは水分を摂るのが良い。ちなみにスープは栄養もありとても良い。
- この皿は300年前に作られたものです。ちなみに値段は50万円です。

第4課

名前が呼ばれたので、発表させていただきました。

Essence 1 ―r·areruの 수동(受身)용법과 자동사(自動詞)

ru동사	-rareru	u동사	-areru
불규칙동사	来る → こられる	する → される	

虫が鳥に食べられた。

通り魔(とおりま)に女性が切られる事件があった。

夕立に降られた。

このナイフはよく切れる。

日差しが強すぎて焼けてしまった。

Essence 2 ―s·aseru와 타동사(他動詞)

ru동사	-saseru	u동사	-aseru
불규칙동사	来る → こさせる	する → させる	

先生が学生に発表をさせました。

すみません、私にも話させてください。

あの店では割安で物を売っている。

海外旅行の計画を立てる。

Essence 3　-s·ase＋ていただく

さっそく書類を見させていただきます。

名前が呼ばれたので、発表させていただきました。

私、司会を務めさせていただく山田(やまだ)と申します。

Writing 1 **다음 한국어를 일본어로 바꾸시오.**

(1) 얼룩말이 사자에게 잡아 먹혔다.

(2) 요즘 스팸메일이 자꾸 온다.

(3) 저 선수는 맷집이 좋다.

(4) 소꿉친구에게 고백을 받았다.

(5) 조용히 하라고 선생님에게 혼났다.

(6) 이 가위는 잘 잘린다.

(7) 새로 나온 게임이 잘 팔린다.

(8) 영화표를 사기 위해 줄을 섰다.

(9) 지진이 일어나서 잠이 깼다.

(10) 아이에게 밥을 먹였다.

(11) 아들이 같은 반 아이를 다치게 했다.

(12) 남동생을 심부름 보냈다.

(13) 오늘은 조금 일찍 귀가하게 해주세요.

(14) 물을 냉동실에 넣어 얼렸다.

(15) 유통기한이 지난 우유를 마시고 배탈이 났다.

(16) 어린 시절 누나와 자주 숨바꼭질을 하면서 놀았다.

(17) 손님을 차에 태웠다.

(18) 그러면 발표를 시작하도록 하겠습니다.

(19) 사토(佐藤) 고객님, 스케줄을 확인해드리도록 하겠습니다.

(20) 대단히 죄송합니다만, 시간을 1시간 정도 늦춰도 괜찮을는지요?

Writing 2 키워드를 사용하여 한국어를 일본어로 바꾸시오.

(1) 오늘 밤부터 기온이 내려가 추워지겠습니다. 하지만 기온은 평년 수준일 것으로 예상됩니다.
(下がる, 平年並み, 予想する)

(2) 학생들에게 리포트를 쓰게 하고 잘못된 곳은 고쳤다.
(書く, 間違う, 箇所, 直す)

(3) 신입생에게 억지로 술을 먹이는 것은 금지되어 있습니다.
(飲む, 禁じる)

(4) 네가 무시해 온 사람들에게 미움을 살지도 모르니까 조심하는 게 좋아.
(バカにする, 嫌う, 気をつける)

(5) 그 책은 날개 돋친 듯 팔려 나가 그는 하루 아침에 잘 나가는 작가가 되었다.
(飛ぶ, 売れる, 一夜, 売れっ子)

(6) 싸움을 걸어오면 응수해서는 안 된다. 나중에 또 다른 싸움을 벌게 되기 때문이다.
(売る, ケンカ, 買う, 後(のち)に, 新(あら)ただ)

(7) 맡겨진 일은 제가 책임지고 하도록 하겠습니다.

(任せる, やる)

(8) 예부터 전해오는 '사나운 매는 발톱을 감춘다'는 속담이 있다. 능력이 있는 사람은 그 재능을 감추고 필요할 때에 발휘한다는 뜻이다.

(能【のう】ある鷹【たか】は爪【つめ】を隠【かく】す, ことわざ, 伝わる, いざという時, 発揮する)

(9) 다나카 과장님이 저를 대신 보내셨습니다. 이번 계약 업무를 담당하게 된 김수호라고 합니다.

(田中【たなか】, 行く, この度【たび】, 契約, 仕事, 担当する)

(10) 저는 이번 발표회의 사회를 맡게 된 이미나라고 합니다. 여러분께서 보내주신 많은 엽서 중에서 한 장을 골라 선물을 드리도록 하겠습니다.

(発表会, 司会を務【つと】める, 送る, ハガキ, 差し上げる)

Level Up 1　−「−s·aseru ＋ −r·areru」

酒を飲ませられる(飲ませ(る)＋られる → 飲ませられる)
➡ 飲みたくないのに「飲め飲め」と勧められて無理やりに飲む。

働かせられる(働かせ(る)＋られる → 働かせられる ＝ 働かされる)
※働かす＋られる → 働かされる
➡ 疲れているかやる気がなくて働きたくないのに無理やりに働く。

다음 일본어를 비슷한 뜻의 문장으로 바꾸시오.

(1) 日曜日なのに会社に来させられた。

→

(2) 幼稚園児のころから受験勉強をさせられる子供がいる。

→

(3) 悪徳商法(あくとくしょうほう)に騙(だま)されて高い本を買わされた。

→

Level Up 2 <動作の対象>

01 〜について

・就職活動のために関心のある業種や企業について調べています。

・この日本文学史についてのレポートは大変良くできています。

02 〜に対して

・この奨学金は指定の学校に通う県内在住の学生に対して与えられます。

・私の発言に対して、彼は猛烈に反論してきました。

03 〜を中心に

・次回の会議は来年度の予算を中心に議論を進めていきます。

・健康のために野菜を中心にバランス良く食べるようにしています。

04 〜にわたって

・今度の台風は、日本全域にわたって大きな被害をもたらしました。

・この映画祭は、名作映画を10年にわたって上映してきた歴史ある映画祭です。

MEMO

第5課

ありえない事件が起き、案じられてならない。

Essence 1 ーr·areru의 자발(自発)·존경(尊敬)·가능(可能)용법

ru동사	-rareru	u동사	-areru
불규칙동사	来る → こられる	する → される	

<自発>

子供の頃は一日が長く感じられた。

母親の手料理を食べると、子供の頃が思い出される。

海外にいる家族のことが案じられてならない。

<尊敬>

伊藤(いとう)さんはよくこの店に来られますか。

木村(きむら)先生は最近、韓国語を勉強されている。

女王様が新年のお言葉を述べられました。

<可能>※u動詞：ーeru

このケーキはいくらでも食べられます。

私は「憂鬱(ゆううつ)」の漢字が書ける。

彼女は英語も、日本語も話せる。

Essence 2 「～ことができる」「～うる／える(得る)」

※「うる／える(得る)」의 활용:「え」로만 활용(ex〉 えない, えます, えて)

聖徳太子(しょうとくたいし)は何人もの声を聞き分けることができたという。

そんなことが起こる可能性も十分考えうる。

ありえない事件が起きた。

今回の事態には驚きを禁じ得ない。

Writing 1 다음 한국어를 일본어로 바꾸시오.

(1) 이 광경을 보고 있자면 신입생 때가 절로 떠오른다.

(2) 오늘은 하루가 짧게 느껴진다.

(3) 범인은 의류매장 점원일 것으로 여겨진다.

(4) 아이와 연락이 되지 않아 걱정이 되어 견딜 수가 없다.

(5) 그 가게에는 자주 가시나요?

(6) 이토(伊藤) 선생님께서 말씀하신 대로입니다.

(7) 요즘은 취미로 어떤 것을 하고 계시나요?

(8) 선생님께서는 항상 이 자리에서 커피를 드십니다.

(9) 이 한자를 읽을 줄 아세요? (「-r・areru」 사용)

(10) 저는 일이 있어서 못 가요. (「-r・areru」 사용)

(11) 오늘은 너무 피곤해서 잠이 잘 오지 않는다. (「-r・areru」 사용)

(12) 겨울 아침에는 좀처럼 이불에서 못 나오겠다. (「-r・areru」 사용)

(13) 저는 손으로 사과를 쪼갤 수 있습니다. (「～ことができる」 사용)

(14) 주문을 취소할 수 있나요? (「～ことができる」 사용)

(15) 해가 저물어서 더 이상 나아갈 수가 없었다. (「～ことができる」 사용)

(16) 맑은 날에는 부산(釜山)에서 쓰시마(対馬)를 볼 수 있다. (「～ことができる」 사용)

(17) 교통사고는 누구에게나 일어날 수 있다. (「～うる／える」 사용)

(18) 말도 안 되는 테러가 일어났다. (「～うる／える」 사용)

(19) 담배는 암의 원인이 될 수 있습니다. (「~うる/える」 사용)

(20) 이번 사건에는 분노를 금할 수가 없다. (「~うる/える」 사용)

Writing 2 키워드를 사용하여 한국어를 일본어로 바꾸시오.

(1) 아이에게는 하루가 길게 느껴진다고 한다. 여러 가지 일에서 새로운 자극이 얻어져 매 순간을 즐길 수 있기 때문이다.
(感じる, 様々だ, 刺激, 瞬間, 得る, 楽しむ)

(2) 선생님은 매일 일을 마친 후 책을 읽으시고 가벼운 운동을 하시고서 귀가하신다.
(お仕事, 読む, 運動をする, 帰る)

(3) 중동에서는 석유가 많이 생산된다. 생산된 석유는 유조선으로 한국까지 옮겨진다. 석유 사용처의 다양함에는 놀라움을 금할 수 없다.
(中東, 生産する, 油槽船(ゆそうせん), 運ぶ, 使い道, 禁じる)

(4) 지진이 일어난 후 가족과 연락을 할 수가 없다. 모두 무사한지 걱정이 되어 견딜 수가 없다. (起きる, 連絡を取る, 案じる)

(5) 가위에 눌려서 몸을 움직일 수 없었다. 누군가가 나를 보고 있는 듯한 느낌이 들었다. (金縛りにあう, 動かす, 見る, 感じる)

(6) 한국에서도 큰 지진이 일어날 수 있다. 지진에 제대로 대비할 수 있는 훈련이 필요할 것으로 생각된다. (大地震(おおじしん), 起こる, 備える, 思う)

(7) 다나카(田中(たなか)) 선생님께서도 말씀하셨지만, 지나친 음주는 피하시는 것이 좋다고 생각됩니다. (言う, 飲みすぎ, 避ける, 思う)

(8) 내일 식전에서 공주께서는 호화로운 드레스를 입으십니다. 이 드레스는 혼자서는 도저히 입을 수가 없습니다.

(式典, お姫様, 豪華だ, 召(め)す, とても, 着る)

Level Up 1 자발(自発)의 자주 쓰는 용법

01 この映画は泣けた。

➡ この映画を見て自然と涙が出た。

02 レモンを食べる赤ちゃんの動画は笑える。

➡ レモンを食べる赤ちゃんの動画を見ていると、自然と／思わず、笑ってしまう。

03 10年ぶりに会ったのに昨日会ったばかりのように思えた。

➡ 10年ぶりに会ってもよそよそしくなくて、思わず、昨日会ったばかりのように思った。

다음 일본어를 비슷한 뜻의 문장으로 바꾸시오.

(1) 韓国ドラマの中で、この作品が一番泣ける。

→

(2) 彼の顔をパッと見ただけで笑える。

→

(3) その光景を見て親の子供への愛はとてつもなく深いものだと思えた。

→

Level Up 2 <働きかけ(義務・許可)>

01 ～なければならない

・店内のWi-Fiに接続するにはパスワードを入力しなければならない。
・来週プレゼンの担当だから、パワーポイントのスライドを作らなければならない。

02 ～なくてもいい

・その本は今使っていないので、新学期が始まるまで返さなくてもいいですよ。
・苦手なものは無理して食べなくてもいいですよ。

03 ～てもかまわない

・急ぎの仕事ではないので、今でなく後でしてもかまいません。
・その席は空いていますから、荷物を置いてもかまいませんよ。

04 ～ざるを得ない

・今度の台風は、日本全域にわたって大きな被害をもたらしました。
・この映画祭は、名作映画を10年にわたって上映してきた歴史ある映画祭です。

MEMO

第6課

意見文を書こう。

Essence 1 의견문의 구성

✿ 意見文と感想文の違い

意見文	あるテーマについて根拠をもとに「よい」、「悪い」、「賛成」、「反対」、「正しい」、「間違っている」、「推理」、「推論」などの自分の意見をはっきりと書くもの
感想文	あるテーマについて「楽しかった」、「嬉しかった」、「面白かった」、「いまいちだった」、「悔しかった」、「勉強になった」などの自分の感じたことを書くもの

✿ 意見文の構成

自分の意見

例1＞ 私は〇〇政策に反対である。
例2＞ 筆者は今の地震対策は不十分だと思う。

よく使われる表現

- ～に反対／賛成だ。
- ～は～(だ)と思う／考える。

具体的な例や根拠

例1＞ その政策は前の政権で失敗したことがあるからである。
例2＞ 政府の報告書によって、その政策は外国ですでに実効性がないことが証明されているからだ。
例3＞ 今の防災指針によると、避難所は全国に110か所あるが、それだけでは約1万人しか収容できないからである。

よく使われる表現

- ～からだ／である。
- ～によって、
- ～によると、

まとめと主張

例1＞ そこで、その政策は考え直す必要があると思われる。
例2＞ 以上のことから、全国の避難所を増やさなければ ならないと考えられる。

よく使われる表現

- そこで／従って／以上のことから
- ～(だ)と思う／思われる／考えられる。

Essence 2 의견을 나타내는 문장체 표현

✿ ～と思う／思われる／考えられる。

私は、人類の未来は明るいと思う。

今のままでは、景気対策はないに等しいと思われる。

近年の振り込め詐欺の手口はきわめて悪質になってきていると考えられる。

計画が適当すぎるため、そのプロジェクトの成功は難しいと考えられる。

✿ ～によると／よって

政府の調査によると、単独世帯が増えてきていると言う。

警察の調べによると、共犯者はいないということだ。

彼の証言によって、彼女の嘘が暴かれた。

その記事によって、新事実が明らかになった。

✿ ～からだ／である

結局、犯人はこの女だと思う。彼女のアリバイは証明できていないからだ。
そこで、その俳優は来年も売れると思う。演技力も人間性も素晴らしいからだ。
以上のことから、血液型や星座で人の性格を判断するのはよくないことが分かった。科学的な根拠が皆無であるからだ。
要は、その記事は嘘であるに間違いない。根拠がなかったからである。
従って、この計画は無理であると考えられる。実効性が乏しいからである。

Writing 1 짧은 의견문 쓰기

아래 글을 읽고 자신의 생각을 문장체 일본어로 2~3줄 정도 써보자. 먼저 글을 읽고 바로 자신의 의견1(自分の意見1)을 쓰자. 그리고 다음 페이지 맨 위에 있는 '조건 1, 2(条件1, 2)'를 보고 하나의 조건을 선택하여 글을 다시 읽은 후 자신의 의견2(自分の意見2)를 써보자.

少年は朝6時に起きた。少年は急(いそ)いで顔を洗い、歯を磨(みが)き、制服(せいふく)に着替(きが)えた。そして、テーブルに座り、小さいりんご1つと牛乳(ぎゅうにゅう)1杯で朝食を済(す)ませた。それから、少年は母親がまだ寝ているかどうかを確認した。少年は静かに家を出た。少年は自転車に乗り、朝の風を切りながら走った。

質問1 少年はなぜひとりで簡単に朝食を済ませたと思うか。

自分の意見1

自分の意見2

조건(条件)1. '소년'은 매우 부유한 가정의 아이이다.
조건(条件)2. '소년'은 매우 빈곤한 가정의 아이이다.

質問2 少年は今、どこに向かっていると思うか。

自分の意見1

自分の意見2

Writing 2 중간 길이의 의견문 쓰기

다음 글을 읽고 '토끼(ウサギ)'는 왜 '너구리(タヌキ)'를 골탕 먹이고 있는지 자신의 의견을 이유와 함께 문장체 일본어로 5줄 정도 써보자.

ウサギはおばあさんとおじいさんの代わりにタヌキをやっつけようと思いました。ウサギはタヌキを柴刈(しばか)りに誘(さそ)って山へ行きました。タヌキが柴を背負(せお)って山から帰っていたところ、ウサギが「カチカチ」と火打石(ひうちいし)でタヌキの背負っている柴に火をつけました。火はタヌキの背中で燃(も)え出しました。タヌキは「助けて！」と叫(さけ)びながら駆(か)け回(まわ)りました。そして、背中に大やけどを負(お)いました。タヌキがとても痛がっていたところ、またウサギがタヌキのところに来て、「薬、持ってきたよ」と言いました。ウサギはタヌキの背中に薬を塗(ぬ)りました。すると、タヌキは「痛い！痛い！」と叫び出ました。実は、ウサギが塗った薬は辛い唐辛子(とうがらし)で作ったものだったのです。

－童話『カチカチ山』より－

※単語リスト

やっつける：해치우다, 혼내주다
柴刈り：땔감 구하기
誘う：같이 하자고 하다
背負う：등에 짊어지다
カチカチ：딱딱한 것이 부딪히는 소리. 탁탁
火打石：부싯돌
燃える：타다
駆け回る：마구 뛰어다니다
やけど(火傷)：화상
叫ぶ：소리치다, 비명을 지르다
塗る：바르다
唐辛子：고추

質問 なぜウサギはタヌキを懲(こ)らしめていると思うか。

MEMO

다음 사진을 보고 질문에 대해 자신의 의견을 문장체 일본어로 5줄 정도 써보자. 단, 이유도 반드시 함께 쓰자.

質問1 この建物はある宗教のものである。どの宗教だと思うか。

質問2 ここでは多くの人があることをよく祈(いの)っている。それは何だと思うか。

다음 대화를 읽고 A와 B 중 누구의 의견이 맞다고 생각하는지 문장체 일본어로 5줄 정도 써보자. 단, 이유도 반드시 함께 쓰자.

A：先月ね、海のほうに旅行に行ってきたんだ。

B：あ、そうなんだ。どうだった？

A：そりゃ、楽しかったよ。ところでさ、船に乗ってたんだけど、外の風景が見たくて、席にカバンを置いて、見に行ったんだ。

B：うん、それで？

A：それがね、戻ってきたら、席に置いてあったカバンが床に置きっぱなしにされてて、知らない人がその席に座ってたんだよ！

B：へえ、指定席だったのに？

A：いや、指定席じゃなかったけど、普通、誰かのカバンが置いてあったら、他人のカバンに勝手に手を出して自分が座る？ありえないでしょ！

B：うん…、確かに。でも、そもそも指定席じゃないから、カバンが置いてあっても、その人が座りたいなら座ってもいいんじゃない？むしろ、自由席を勝手に指定席みたいに使ってると思われたかもよ。席を離れる時はカバンを持っていったほうが安全だし。

質問 あなたはAとBの意見の中でどちらが正しいと思うか。

Writing 3 긴 의견문 쓰기

다음 두 가지 주제 중 하나를 골라 자신의 의견을 문장체 일본어로 10줄 정도 써보자. 단, 반드시 근거도 함께 쓰자.

(1) 人の本性は悪なのか善なのか。

(2) 結果が大事なのかプロセスが大事なのか。

Level Up　<判断・評価の視点>

01 ～にとって

・この写真は色あせてしまいましたが、私にとっては大切な思い出のものです。
・座って仕事をすることが多い現代人にとって、運動不足は大きな問題です。

02 ～と比べて

・例年と比べて、今年は野菜の出来がいいです。
・2年前と比べて、だいぶ街並みが変わって住みやすくなりました。

03 ～による

・本日から提供される新しいサービスは、顧客の要望によるものだ。
・強風の影響による高速道路の通行止めは、9時30分に解除されました。

04 ～わりに(は)

・このホテルは値段が安いわりに満足度の高いサービスが得られます。
・新しいドラマは、放送前にあんなに宣伝したわりには視聴率が高くない。

第7課

外国人観光客が増えてきている。

Essence 1 「〜ている」「〜てある」

<進行中>

今、学校に向かっている。

荷物なら田中さんが持っている。

キム君は鏡を見ながら野球帽をかぶっている。

<結果残存>

靴の紐がほどけている。

キム君は赤い野球帽をかぶっている。

風でも吹いたのかドアが開いている。

<完了>

その話は社長から聞いてます。

この小説は5年前に読んでいる。

朝から何も食べていない。

<反復・習慣>

毎日、欠かさずに、本を読んでいる。

この子は毎日のようにいたずらをしている。

＜単なる状態＞

僕たち兄弟はちっとも似ていない。

彼女のレポートはどの学生のよりも優れている。

この料理は塩が足りていない。

＜準備・結果残存＞

旅行に行くので、お小遣いを残してある。

換気のためにドアを開けてあります。

その書類はメールボックスに入れてあります。

Essence 2 「～ておく」「～てしまう」

<準備>

レポートを書くために資料を調べておく。

今日は母の誕生日なのでケーキを買っておきました。

<放置>

後で片づけるからそこに置いておいて。

まだ掃除中ですから、ドアは開けておいてください。

<完了>

このドラマは面白すぎて、1話から最終話まで夜更かしして見てしまった。

もう無理だからあきらめてしまおう。

<残念>

体重がまた増えてしまった。

父の病態が悪くなってしまった。

Essence 3 「～ていく」「～てくる」

<本来の往来>

地下鉄に乗って行く。

図書館まで走って来た。

<方向性>

日が沈んでいく。

海が見えてきた。

<継続>

子供の成長をずっと見守っていきたい。

小学生のころからテコンドーに励んできました。

<変化>

思春期だから、これからもっと背が伸びていくと思う。

6月になってから、だいぶ暑くなってきた。

Writing 1 다음 한국어를 일본어로 바꾸시오.

(1) 아이스크림이 녹고 있다.

(2) 체육대회 우승을 목표로 다 함께 분발하고 있다.

(3) 왜 허구한 날 술만 마시니?

(4) 다이어트를 위해 주말마다 요가를 하고 있다.

(5) 한 달에 한 번 항상 가족끼리 캠핑을 간다.

(6) 이 호수의 물은 깜짝 놀랄 정도로 굉장히 맑다.

(7) 이 고기, 잘 구워졌네.

(8) 수호는 안경을 쓰고 있고 미나는 쓰지 않았다.

(9) 그는 차례로 게임을 클리어해 나갔다.

(10) 앞으로도 열심히 일본어를 공부해 나가겠습니다.

(11) 두 사람은 변함없이 사랑을 키워 오고 있다.

(12) 근래 10년간 출생률이 감소해오고 있다.

(13) 그녀의 영어 실력은 앞으로 더 늘어갈 것으로 생각된다.

(14) 재해에 대비해서 식료품을 사 두었다.

(15) 반죽은 1시간 정도 숙성되게 놔 두세요.

(16) 아직 더워서 창문을 열어 두었다.

(17) 콜라 한 병을 단숨에 마셔 버렸다.

(18) 야키소바(焼きそば) 곱빼기를 10분만에 다 먹어 버렸다.

(19) 마지막 전철을 놓쳐 버렸다.

(20) 기르던 강아지가 죽고 말았다.

Writing 2 키워드를 사용하여 한국어를 일본어로 바꾸시오.

(1) 나는 1년 전부터 서예를 해오고 있다. 서예를 하고 나서 급했던 성격도 바뀌어 가고 있다. (書道, やる, せっかちだ, 変わる)

(2) 하루에 많은 아이들이 태어나고 있다. 한편으로 많은 노인들은 세상을 떠나고 있다. 하지만 지구의 인구는 매년 늘어나고 있다. (産(う)まれる, 一方, 亡(な)くなる, 増える)

(3) 화석연료를 다 써 버리기 전에 대체 에너지를 개발해 나갈 필요가 있다. (化石燃料, 使い切る, 代替エネルギー, 開発する)

(4) 한일 학생들은 모두들 헤어짐을 아쉬워하고 있었고 앞으로도 계속 교류해 나갈 것을 약속했다. (別れ, 惜しむ, 交流する, 続ける)

(5) 만일의 사태에 대비해서 식료품과 의료용품을 비축해 둡시다. 식료품을 다 소비해 버린 경우에는 이웃끼리 서로 도웁시다. (万が一, 備える, 備蓄(びちく)する, 食べ切る, 隣人(りんじん), 助ける, 合う)

(6) 벌써 고등학교를 졸업하고 1년이 지났다. 내가 좋아하는 일과 잘 하는 일을 찾아 나가 알찬 대학생활을 보내고 싶다. (経(た)つ, 探す, 充実する, 送る)

(7) 한국과 일본은 인접해 있기 때문에 역사적으로 빈번하게 교류해 왔고 앞으로도 교류해 나갈 것이다. (隣接する, 頻繁(ひんぱん)に, 交流する)

(8) 초여름 바람이 상쾌해서 창문을 열어 두었다. 계절이 바뀌어 가는 것을 보고 있는 것도 삶의 즐거움 중 하나다.
(初夏, 爽(さわ)やかだ, 開ける, 変わる, 様子, 人生, 楽しみ)

Level Up <局面>

01 ～終わる

- 図書館で借りた本を今日読み終わりました。
- 作文を書き終わった人は提出してください。

02 ～始める

- 東京では3月下旬ごろに桜が咲き始めます。
- 最近、日本のドラマを字幕なしで見始めました。

03 ～続ける

- 私はこの時計を5年以上使い続けています。
- 大学を卒業しても日本語を勉強し続けるつもりです。

04 ～切る

- 長旅で疲れ切って、家に帰るとすぐに眠ってしまった。
- 外出先で携帯のバッテリーを使い切ってしまったので充電しています。

第8課

火事が起きたら、まず通報しましょう。

Essence 1 조건을 나타내는 표현

Essence 1.1 「～ば」

もし晴れれば、明日は遊びに行ってもいいよ。

運転手が上手く対応していなければ、大惨事になっていた。

わがままな人でも子供が産まれれば、親の気持ちが分かってくる。

分からないことは先生に聞けばいい。

人は生まれれば、必ず死ぬ。

ここまで勉強すれば、もう大丈夫だ。

Essence 1.2 「～と」

この道をまっすぐ行くと、明治通りに出ます。

早く治るといいね。

罪を犯すと、必ず処罰を受ける。

いつも午後5時になると、『夕焼け小焼け』が流れる。

※箱を開けると、指輪が入っていた。

Essence 1.3 「〜たら」

暑かったら、クーラーをつけてください。
火事が起きたら、まず119番に通報しましょう。
お酒を飲んだら、運転はしないでください。
後、10分ほど煮込んだら完成です。
お父さんが帰ってきたら、皆で食べようね。
私があなただったら、そんな選択はしなかったのに。
問題数が少なかったら、時間内に全問解けたのに。
※箱を開けたら、カエルが飛び出てきた。

Essence 1.4 「〜なら」

私が神様なら、世界を平和にする。
お酒を飲むなら、運転はするな。
もっとピアノが上手なら、彼に聞かせてあげられるのに。
イ先生なら、教員室にいますよ。
車を買うなら、このサイトが断然お得だ。

Essence 2 이유를 나타내는 표현

Essence 2.1 「～から」

まだ子供だから、駄々をこねることもある。

この辺は緑豊かで静かだから、とても住み心地がいいのよ。

ここだけフォントが大きいから、すぐ目立ってしまう。

ご両親が心配するから、早く帰りな。

Essence 2.2 「～ので」

彼女は帰国子女なので、英語がペラペラです。

ご予約は不要なので、お気軽にご来店ください。

日本史なら田中さんが詳しいので、彼に聞いてみたらどうですか。

この食材で免疫力を高めることができるので、ぜひお試しください。

Essence 2.3 「～ため(に)」

※「～ため」: 書きことばや硬い文体でよく使われる。意味は「～ために」と同じ。

大雨のために、ダイヤが乱れている。

彼女は年齢の割には経験豊富なために、仕事をテキパキこなせる。

今年度は輸入より輸出が多かったため、貿易収支は黒字となった。

まもなく台風が上陸するため、東海道新幹線は全線運行を見合わせております。

Writing 1 다음 한국어를 일본어로 바꾸시오.

(1) 겨울이 되면 눈이 온다.

(2) 지구와 달과 태양의 위치가 일직선이 되면 개기일식이 일어난다.

(3) 아, 전원 켜는 방법을 모르세요? 여기를 길게 누르면 돼요.

(4) 설명서에 '손잡이를 위쪽으로 당기면 접을 수 있습니다'라고 써 있어.

(5) 여기서 똑바로 가면 교차로가 나와요. 거기서 좌회전하면 한국외대예요.

(6) 문을 열었더니 친구들이 '생일 축하해!'라고 큰소리로 축하를 해주었다.

(7) 방에 아무도 없는 줄 알았더니 엄마가 자고 있었다.

(8) 점심을 많이 먹었으면 다이어트를 위해 저녁은 건너뛰자.

(9) 점심을 많이 먹을 거라면 아침은 간단하게 끝내는 게 좋겠다.

(10) 다음 주 별 일 없으면 한 잔 할까?

(11) 김수호 씨라면 저기 전화 받고 있는 사람인데요.

(12) 이삿짐센터라면 역시 A센터가 가장 친절하고 가격도 적당하다.

(13) 잘 안 들리니까 조금만 더 크게 말해줘.

(14) 아이가 자고 있으니까 나중에 통화하자.

(15) 문이 고장 나서 집주인에게 고쳐 달라고 했습니다.

(16) 이걸로 수리는 다 끝났으니 또 무슨 문제가 생기면 전화 주십시오.

(17) 산사태가 발생하여 주민에게 피난지시(避難指示)가 발령되었다.

Writing 2 키워드를 사용하여 한국어를 일본어로 바꾸시오.

(1) 교통사고가 나면 먼저 경찰에 신고를 해야 한다. 만약 가해자가 경찰에의 신고를 주저한다면 지명수배범인지 의심할 필요가 있다.
(通報, 渋る, 指名手配犯, 疑う)

(2) 많은 사람들이 복권에 당첨되면 행복해질 것이라고 믿기 때문에 매년 복권 구입액은 증가일로에 있다고 한다. (宝くじに当たる, 購入額, 増える, 一方)

(3) 한국에서도 큰 지진이 일어날 가능성이 있으므로 이제라도 지진대책을 제대로 강구해 둘 필요가 있다. 지진에 대비해 두지 않으면 피해는 막대해진다.
(可能性, 対策を講じる, 備える, 甚大(じんだい)だ)

(4) 공교롭게도 오늘은 만석 상태라서 예약하시지 않은 분은 탑승하실 수 없습니다. 시간이 없으시다면 저쪽에서 택시를 이용하실 수 있습니다. (あいにく, 本日, 満席, ご予約いただく, ご搭乗になれない, 急ぐ, ご利用いただける)

(5) 지구가 태양을 한 바퀴 도는 데에는 365.25일 걸리기 때문에 4년에 한 번 윤달을 넣는다. 윤달을 넣지 않으면 1년은 364일이 되어 버리기 때문이다.

(地球, 太陽の周り, 一周する, 閏年(うるうどし))

Level Up <提案・勧告>

01 ～ほうがいい

・雨が降りそうだから、傘を持って行ったほうがいいですよ。
・退院したばかりですし、急に無理をしないほうがいいですよ。

02 ～たらどう

・そんなに疲れているなら、アルバイト、少し休んだらどうですか。
・もう夜遅いから、残りの仕事は明日にしたらどうですか。

03 ～ようにしてください

・課題の締切は来週月曜日ですから、遅れないようにしてください。
・仕事で問題が起きたら、すぐ上司に報告するようにしてください。

04 ～こと。

・発表担当の日にやむを得ず欠席するときは必ず連絡すること。
・試験のときはスマートフォンの電源を切っておくこと。

第9課

要約文と自己PR文を書こう。

Essence 1 요약문 쓰기의 요령(要約文の書き方)

✿ どんな内容か。<要旨>

例1> この話は、韓国の昔話である。

例2> 首相の演説は、増税に関するものであった。

↓

✿ 何が重要か。<要点>

例1> この話では、因果応報(いんがおうほう)を強調している。

例2> 増税の理由としては、財政健全化を図ることを挙げていた。

↓

✿ 内容の例<あらまし>

例1> その例として、善良な弟は怪我(けが)をしたつばめを助けたことで大金持ちになり、それをねたんだ兄は鬼に懲らしめられたことが書かれている。

例2> 具体的には、少子高齢化による社会保障関係費と国債費の増加は、財政破綻を招きかねないため、増税によって現状打開を試みたいということであった。

↓

✿ 筆者が言いたいことは。<まとめ>

例1＞ つまり、試練に堪え、善良な心を忘れていないと、必ず報われるということである。

例2＞ 要は、今、増税をしなければ、「国の借金」を放置したつけが回ってくるということである。

☞要約文は長く書かないこと。内容によって、5〜10行程度が目安。

☞文章は、何度も連体修飾語を使わないことですっきりさせること。

Writing 1 다음 글을 읽고 일본어 5줄로 요약하시오.

次の文を読んで5行程度に予約しなさい。

李良枝(イヤンジ)という在日韓国人作家がいる。彼女は、1955年に在日韓国人2世として山梨県(やまなしけん)で生まれた。とはいえ、彼女が小学生の時に両親が日本に帰化したため、その時に日本国籍を取得している。それでも、李良枝は「韓国人」として生き続けていた。李良枝は、1989年に「由熙(ユヒ)」で第100回芥川賞(あくたがわしょう)を受賞した。この作品では、在日コリアンのアイデンティティー探しとその苦しみを描いている。

1960～80年代の日本では、在日韓国人であれ、在日朝鮮人であれ、在日コリアンという理由だけで偏見や差別の目で見られることが多かった。もちろん、今の日本では、在日コリアンに対する差別や偏見は減ってきている。当時の多くの在日コリアン2世たちは、朝鮮半島出身なのに韓国語がしゃべれないこと、日本生まれ日本育ちなのに「日本人ではない異邦人」であることにアイデンティティーの混乱を感じていたと言われる。このような環境の中で、李良枝は何度も韓国を訪れ、韓国舞踊を学びながら執筆活動を並行して自分探しをしていった。 そして、ついに韓国留学を決心した。27歳の時であった。1982年、彼女は国文学を専門としてソウル大学に入学し、6年後の1988年に卒業している。その後、李良枝は、韓国語でも、日本語でも「日本生まれの韓国人」としての感性を文字で綴(つづ)り続けていった。つまり、自分のアイデンティティーをめぐる混乱と苦しみから逃げるのではなく、正面からぶつかり、「自分とはどんな人か」を問い続けていたのである。

1992年、李良枝は急性肺炎で亡くなった。37歳の若さであった。彼女が問い続けていた「自分とはどんな人か」への答えは見つけられたのであろうか。まっすぐな人生を送っていた李良枝は、「人生から逃げるな」と、今でも私たちを勇気づけてくれているのかもしれない。

次の文を読んで5行程度に要約しなさい。

織田信長の妹であるお市は絶世の美女であったと伝えられる。信長は、永禄10年(1567年)、お市を近江(現在の滋賀県)の大名である浅井長政に嫁がせた。政略結婚であった。信長が京都に進出するためには、長政の領地を通らなければならなかった。戦国大名たちは皆、京都入りを果たし、天皇から認められることを熱望していた。有力大名に上り詰めることができるからであった。信長も京都入りを果たしたかったが、京都への通路となる近江には長政が立ちはだかっていた。そこで、絶世の美女であるお市を浅井家に嫁がせ、結婚同盟を結んだのである。そして、永禄11年(1568年)、ついに信長は上洛(京都入りすること)を果たした。

2年後、元亀元年(1570年)、信長は越前(現在の福井県)の大名である朝倉義景を攻め始めた。ところが、ここで長政が信長を裏切り、朝倉家と連合し、信長を挟み撃ちする事件が起きた。激怒した信長は、3年後の天正元年(1573年)、長政を猛攻撃し、長政は父とともに自害し、浅井家は滅亡してしまった。お市は、長政の自害の前に、長政との間で授かった3人の娘たちとお城を出たと言う。この3人の娘たちが「浅井三姉妹」である。後に、長女の茶々は豊臣秀吉の側室になり、「淀殿」と呼ばれ、世の権力を手にした。次女、お初は、名門の武家である京極家に嫁ぎ、衰退した京極家を再興させた。三女のお江は、徳川家康の三男秀忠の正室になった。秀忠は後に徳川幕府の2代将軍となり、お江の長男である家光も3代将軍となり、お江は権力の頂点に立った。実家が滅亡し、祖父と父親が自害するという災難に遭いながらも、浅井三姉妹は女性として乱世を生き抜き、逆境を乗り越え、日本史にその名を鮮明に残したのである。

Essence 2 자기소개서의 구성(自己PR文の構成)

自分はどんな人か。アピールできる経験は何か。

例1 > 私の両親は、小さな食堂を営んでいます。それで、私は幼少期から両親の仕事を手伝ってきました。両親の仕事を手伝いながら、お客さんへの対応の仕方、効率的な整理整頓(せいりせいとん)の方法、店の収支の合わせ方などを学びました。そして、合理的な思考と忍耐力を身につけました。

例2 > 私は、幼少期を日本で過ごしました。日本では、インターナショナルスクールに通っていました。それで、英語と日本語を母語である韓国語のように話せるようになりました。そして、多国籍な環境の中で、国際的な感覚と社交性を身につけることができました。

↓

自分には何ができるか。何が得意か。

例1 > 大学で経営学を専門として勉強しながら、社会調査分析士2級と経営指導士の資格を取得しました。経営に欠かせないアンケートと統計の処理には自信があります。それに、1年間のインターンシップでは、生産管理とマーケティングの実務能力が高く評価されました。

例2 > 私は、英語と日本語を使用するビジネス場面なら、誰よりも上手に交渉できる自信があります。2年間、海外ボランティア活動でトラブルの仲裁や支援プランの設計に携(たずさ)わっていました。特に、自分側の主張を曲げずに、相手側を説得できたことは大きな収穫でした。この経験と自分の語学力を生かし、商談の成功に貢献できると思います。

↓

採用された場合、採用先にどんなことが貢献可能か。

例1＞ 私は、「データに基づくサービスの質の向上」と「お客様の心をつかむマーケティング方法の開発」で貴社に貢献できると自負しています。特に、私は、貴社の△△を長年、愛用しており、△△のさらなる売上向上のためには何が必要かを考えてきました。このことを「統計に基づくサービスの質の向上」と「お客様の心をつかむマーケティング方法の開発」で具体的に貢献していきたいと思います。

例2＞ 貴社の売り上げの約6割は、北米と日本市場が占めています。私は、両市場で得意の外国語での交渉力を生かし、新たな商品の売り込みに努めてまいりたいと思います。特に、日本市場では、貴社の◇◇が口コミで広がっているため、さらなる店舗の開拓や現地法人との交渉に大いに貢献できると自負しています。

Writing 2 나 자신에 대해서 일본어로 써 보자.

- 나의 장점과 단점은(私の長所と短所は)?

- 나에게 영향을 미친 것들은(私に影響を及ぼしたものやことは)?

- 내가 잘 하는 것과 못 하는 것은(私が得意なことと苦手なことは)?

- 장래에 하고 싶은 일은(将来、就きたい職は)?

Writing 3 취업을 희망하는 곳을 정하고 자기소개서를 써 보자.

「自分はどんな人か。アピールできる経験は何か。」を書いてみよう。

「自分には何ができるか。何が得意か。」を書いてみよう。

「採用された場合、採用先にどんな貢献ができるか。」を書いてみよう。

ここまで書いたことを整理し、完成した自己PR文を書いてみよう。

Level Up <出来事(経験)>

01 ～たことがある

- 私は4年前に1度日本へ行ったことがあります。
- その漫画なら子供のころ読んだことがあります。

02 ～ることがある

- 会社まで近いので、ときどき自転車で行くことがあります。
- たいてい家で勉強しますが、たまに図書館で勉強することがあります。

03 ～たばかり

- 日本に来たばかりの頃は、日本語もよくわからなくて本当に困りました。
- 数日前に買ったばかりなのに、ペンケースをなくしてしまいました。

04 ～ものだ

- 子供の頃は、ちょっとしたことでよく泣いたものだ。
- 小学校時代の夏休みには、家の近くの川でよく遊んだものだ。

MEMO

第10課

先生に教えてもらおう。

Essence 1 사물의 이동과 수혜를 나타내는 표현(授受表現)

Essence 1.1 「やる／あげる／差し上げる」

✿ 사물의 이동: 「(Aが)Bに～をやる／あげる／差し上げる」

毎日、霧吹きでお花に水をやっている。

私の帽子、欲しがってたよね。はい、あげる。

田中さんがイさんに花束をあげたんだって。

抽選で当たった方には豪華プレゼントを差し上げます。

100人目のお客様には無料宿泊券を差し上げます。

✿ 수혜: 「(Aが)Bに～てやる／あげる」

※「～해 드리다」:「お／ご～する」

この俺があいつらに思い知らせてやる。

あなた、全然食べないじゃない。せっかく手料理を作ってあげたのに。

私が代わりに「貧乏ゆすりはもう止めて」って言ってあげようか。

田中さんがイさんに東京案内をしてあげたんだって。

Essence 1.2 「くれる／下(くだ)さる」

✿ 사물의 이동: 「Bが(Aに)～をくれる／下さる」

名古屋(なごや)の友達が手土産として外郎(ういろう)をくれた。

君がくれたこのマフラー、大事に使っているよ。

そのパン、おいしそうだな。俺にもくれよ。

佐藤先生はいつもためになるアドバイスを下さる。

チャーハンセット1つとウーロン茶をください。

✿ 수혜: 「(Bが)～てくれる／くださる」

忙しいだろうに、わざわざ来てくれてありがとう。

この問題、ミナちゃんが教えてくれたから解けたんだよ。

先生、4年間、親身(しんみ)になって見守ってくださってありがとうございました。

困った時に、いつも助けてくださり、ありがとうございます。

Essence 1.3 「もらう／頂く」

✿ 사물의 이동: 「(Aが)Bに／から～をもらう／頂く」

福岡の友達から手土産として辛子明太子をもらった。

あなたにもらったこのスカーフ、ずっと大切にするね。

すみません、お水、もらえますか。

校長先生から表彰状を頂いた。

佐藤さんにはいつもお裾分けを頂いている。

✿ 수혜: 「(Aが)Bに～てもらう／いただく」

どうしても分からない問題は、先生に教えてもらおう。

困った時は、いつも彼に来てもらっている。

すみません、ちょっと詰めてもらえますか。

お忙しい中、お時間を割いていただき、ありがとうございます。

大したものでもないのに、喜んでいただき、嬉しい限りです。

課長、大変です。至急、事務室に戻っていただけますか。

Writing 1 다음 한국어를 일본어로 바꾸시오.

(1) 이 동물원에서는 동물에게 먹이를 주는 행위는 금지되어 있다.

(2) 초콜릿을 줬더니 울던 동생이 뚝 그쳤다.

(3) 수호가 미나에게 직접 만든 인형을 주었다.

(4) 2세트 사 주신 분께는 최고급 수건세트를 드립니다.

(5) 네 놈한테는 반드시 이겨주겠다.

(6) 반항기이니까 어머님이 아드님을 이해해 주세요.

(7) 이 목걸이는 남자친구가 준 것이다.

(8) 길을 잃어서 난감하던 차에 친절한 사람이 길을 알려주었다.

(9) 잘못했다. 그러니 용서해다오.

(10) 신이시여, 저에게 용기를 주십시오.

(11) 제 리포트를 꼼꼼하게 봐주셔서 감사합니다.

(12) 여자친구에게 생일선물로 손목시계를 받았다.

(13) 저기요, 물수건 좀 주시겠어요?

(14) 죄송하지만, 내일 조금 일찍 와 주실 수 있나요?

(15) 어려울 때 도와주는 사람이 진정한 친구다.

(16) 송구스럽지만, 여기에 사인해 주시겠습니까?

(17) 부적절한 발언은 삼가해 주셨으면 합니다.

Writing 2 키워드를 사용하여 한국어를 일본어로 바꾸시오.

(1) 옛날 일본에서는 세뱃돈으로 아이들과 아랫사람들에게 떡을 주었다고 한다. 요즘 어린이들은 세뱃돈으로 떡이 아닌 돈을 받는다.
(お年玉(としだま), お餅(もち), 目下の人)

(2) '사랑은 받는 것이 아니라 주는 것'이라는 가사가 있다. 좋아한다고 해서 일방적으로 무언가를 요구하기만 하면 상대방이 지쳐 버릴지도 모른다.
(相手, 求める, 疲れる)

(3) 부모가 아이를 키우는 것은 아이를 사랑해서이지 아이가 성인이 된 다음에 보답해주기를 바라서가 아니다. 특히 성인이 되었다면 부모로부터의 송금을 당연하게 여겨서는 안 된다. (育てる, 恩返し(おんがえし), 仕送り, 当たり前, 思う)

(4) 아, 물을 너무 많이 넣었다. 망했다. 엄마는 제대로 가르쳐줬는데 막상 내가 하려고 하면 잘 안 되네. 다시 가르쳐 달라고 해야지.

(やらかす, いざ, うまくいく)

(5) 이번 불상사에 대해서는 당사자인 C씨께 직접 사과를 받고 싶습니다. 사과하지 않는 경우에는 확 고소해 버릴 거예요.

(今回, 不祥事(ふしょうじ),当事者, 謝(あやま)る, 訴える, やる)

Level Up 1 「-(sa·seru)+ていただく」と「〜いたす」

01 「-(sa·seru)+ていただく」

(1) お客様のスケジュールを確認させていただきます。

→ お客様の許可を得てスケジュールを確認します。

(2) それでは、お言葉に甘えてお先に帰らせていただきます。

→ それでは、そこまで言うのなら、ありがたい気持ちで先に帰ります。

02 「名詞(動作性・漢語)+いたす」

(1) まもなく発車いたします。

→ (改まったニュアンスで)すぐ発車します。

(2) 後ほど、連絡いたします。

→ (改まったニュアンスで)後で連絡します。

다음 일본어를 비슷한 뜻의 문장으로 바꾸시오.

(1) あなたの許可を得てパスポートを見たいのですが、そうしてもいいですか。

→

(2) ありがたいことに、大先輩であるAさんと一緒に仕事をしました。

→

(3) (改まったニュアンスで)この列車は、10分後、東京駅に到着します。

→

(4) (改まったニュアンスで)この飛行機は、すぐ離陸します。

→

Level Up 2 <意志・決定>

01 ～ようと思う

・会社を辞めて、1年ほど留学しようと思っています。

・幼い頃からずっと医者になろうと思っていました。

02 ～ことにする

・今日はどこへも行かないで勉強することにしました。

・毎朝起きたらすぐにコーヒーを飲むことにしています。

03 ～ことになる

・4月から大阪の支店に移ることになりました。

・入学式でスピーチをすることになったので、原稿を作っています。

MEMO

第11課

どうも犯人は逃げたようだ。

Essence 1 추량(推量)「～だろう／であろう」

多分、優勝はあのチームだろう。

あのいたずらっ子は、きっと今日も先生に怒られるだろう。

恐らく円安(えんやす)・株高(かぶだか)はしばらく続くであろう。

Essence 2 징후성1(兆候性1)「～ようだ／みたいだ」

あの人はどうやら怪しい人物のようだ。

彼女は辛いものが得意のようだ。

ちょっと味が薄いような気がする。

どうもここに自分の名前を書くようだ。

どうも犯人は逃げたようだ。

なんかあの人、芸能人みだい。

ねえ、僕、スケボー、上手みたいだね。

佐藤君、第二志望校も危ないみたいだよ。

木村君、あんたに気があるみたいよ。

Essence 3 징후성2(兆候性2)「～そうだ」

彼が通訳をしてくれるから、英語ができなくても大丈夫そうだ。

佐藤先生は厳しそうな顔をしているが、実際はとても優しい方だ。

車が壁にぶつかりそうだから、気をつけて。

このままで特に問題はなさそうだ。

今日はこの辺で終わったほうがよさそうだ。

対戦相手が強すぎてとても勝てそうもない。

天気予報では雨だと言ったが、今のところ、雨は降りそうもない。

Essence 4 징후성3(兆候性3)「～らしい 」

専門家の話を聞いたら、この宝石は本物らしい。

この国では、飲酒運転に対する罰則が大変厳しいらしい。

彼女は見た目によらず、とても真面目らしい。

世界的なバイオリニストらしく、立派な演奏だった。

「私らしい」という意味は加齢とともに変わっていくようだ。

Essence 5 전문(伝聞)「～そうだ」

この映画は、人気漫画が原作だそうだ。

モデルの仕事はとても大変だそうだ。

あのパン屋さんの食パン、とてもおいしいそうだよ。

こちらのプリン、一日になんと1万個も売れるそうです。

田中君、昨日も学校に来なかったそうです。

Essence 6 가능성(可能性)「～かもしれない」・「～に違いない」・「～に決まっている」

Essence 6.1「～かもしれない」

不採用になったことは屈辱かもしれないが、きっと糧になると思うよ。

せっかちな人には出国手続きが面倒かもしれない。

今朝は、寒がりの人には少し肌寒(はださむ)いかもしれません。

容体(ようだい)が急変したら、集中治療室で治療を受けるかもしれません。

Essence 6.2「〜に違いない」

彼は、一度見ただけで何でも完璧に暗記できるから天才に違いない。

10年も飼っていた犬が死んだのだから、彼女は寂しいに違いない。

あの律儀（りちぎ）なキムさんから二日も返事がないなんて、彼に何かあったに違いない。

ここに置いたはずの携帯電話がない。また息子が携帯電話で遊んだに違いない。

Essence 6.3「〜に決まっている」

1万円を投資して1か月で100万円にできるなんて、詐欺に決まっている。

サムギョプサルとキムチの組み合わせは、おいしいに決まっている。

この対戦では、これまで30戦30勝の彼女が勝つに決まっている。

彼らは犬猿（けんえん）の仲だから、互いに口を利かないに決まっている。

Writing 1 다음 한국어를 일본어로 바꾸시오.

(1) 인연이 있으면 분명 다시 만날 수 있겠지.

(2) 이번 사태의 영향으로 관광객 수는 필시 줄어들 것이다.

(3) 아무래도 저 애도 우리 아들처럼 입이 짧은 것 같네.

(4) 일본은 우측통행이라는 것에 당황하는 한국인도 꽤 있는 듯하다.

(5) 꼬마야, 너 아이스크림 좋아하나 보구나.

(6) 걔, 이번 입시에도 안 된 것 같아.

(7) 겉보기에는 매워 보였는데 먹어보니 그렇게까지 맵지는 않았다.

(8) 천둥도 치고 강풍도 불어서 지금이라도 비가 올 것 같다.

(9) 뭘 먹을까? 그래, 이게 좋을 것 같다.

(10) 비싼 것에 비해 디자인이 그저 그래서 아무도 안 살 것 같다.

(11) 이 극단의 공연 티켓은 10분만에 매진되었다고 합니다.

(12) 한국 대표팀이 승부차기에서 4대3으로 이겼대.

(13) 올해는 화이트 크리스마스가 될 거래. 우리 멍멍이도 좋아하겠다.

(14) 블랙커피를 마시고서 운동을 하면 지방이 더 잘 연소된다더라.

(15) 두 선수는 라이벌에 걸맞게 명승부를 보여주었다.

(16) 소년은 얼굴에 아직 앳된 모습이 남아 있었지만 제법 남자 다웠다.

(17) 처음에는 지루할지 모르겠지만, 읽다 보면 재미있을 거야.

(18) 남자친구 생일선물로는 이 팔찌가 딱 일지도 모르겠네.

(19) 이번에는 저 후보가 당선될 것임에 틀림없다.

(20) 그런 시대착오적인 말을 하면 세상의 웃음거리가 될 것임에 틀림없다.

(21) 제가 극비리에 결혼식을 올렸다는 소문은 당연히 거짓말입니다.

(22) 잘 생겼지, 성격 좋지, 운동 잘 하지, 쟤는 인기가 없을 수가 없네.

Writing 2 키워드를 사용하여 한국어를 일본어로 바꾸시오.

(1) 아무래도 출구를 잘못 나온 것 같다. 출발시간까지는 아직 1시간 정도 남았으니까 잘하면 시간 안에 갈 수 있을 것 같다.
(間違える, 間に合う)

(2) 요동치던 주식시장과 외환시장도 오후에는 안정을 찾을 것으로 보인다. 그에 따라 적극적으로 도쿄시장에 투자하는 외국인도 늘 것이다.
らんこうげ　かわせ
(乱高下, 株式, 為替, 落ち着く)

(3) 사랑하니까 헤어진다는 말은 당연히 거짓말이다. 금방 헤어질 것 같은 사람과 사귀는 사람은 거의 없기 때문이다. 그런 말을 하는 사람은 바람둥이일 것이다.
(別れる, 付き合う, ほとんど, 浮気者)

(4) 여론조사에 따르면 내각지지율은 '지지하지 않는다'가 '지지한다'를 크게 웃돌았다고 한다. 따라서 이번 총선에서는 정권교체가 이루어질 가능성이 높을 것 같다.
(世論調査, 内閣支持率, 上回る, 総選挙, 政権交代)

(5) 아무리 열심히 해도 일이 끝날 기미를 보이지 않는다. 하지만 이번 주까지 끝내 놓지 않으면 점장님에게 혼날 것이 뻔하다.

(頑張る, 終わる, 済ませる, 店長, 怒る)

(6) 아마 내가 그런 재수 없는 말을 하지 않았다면 이런 사고도 나지 않았겠지. 운전을 방해할 만한 말은 이제 안 할게. 이런 사고가 나다니 정말 어처구니가 없다.

(縁起(えんぎ)でもない, 事故に遭(あ)う,邪魔になる, バカ)

Level Up <抽象関係(理由)>

01 おかげで

・あなたが手伝ってくれたおかげで、仕事がはやく済みました。

・皆が来てくれたおかげで、楽しい同窓会になりました。

02 せいで

・猛暑が続いているせいで、電気の消費量は上がる一方です。

・２人が遅刻したせいで、乗る予定だった新幹線に乗れませんでした。

03 みたいだ

・田中さんは甘いものが嫌いみたいで、お菓子には手を付けない。

・なんだか風邪をひいたみたいで、のどが痛い。

04 からこそ

・どうしても叶えたい夢があるからこそ、辛くても頑張れます。

・急いでいるからこそ、ミスがないかしっかり確認することが大切です。

第12課

ビジネスメールを書こう。

Essence 1 비즈니스 메일 표현(ビジネスメールでの表現)

Essence 1.1 尊敬表現(尊敬語)

報告書はお読みになったでしょうか。

この度(たび)は、会長が日本にお見えになるということです。

領収書は、確定申告の際にお使いになれます。

今回の稟議書(りんぎしょ)についてはいかがお考えですか。

カストマイズの件へのご助言、どうもありがとうございました。

新案につきまして貴重なご意見を下さり、ありがとうございます。

過日(かじつ)は、貴社の説明会に参加させていただき、誠にありがとうございました。

売り上げの動きは、パク部長のおっしゃるとおりでした。

Essence 1.2 謙譲表現(謙譲語Ⅰと謙譲語Ⅱ(丁重語))

イ課長にミーティングを前倒しで行ってもよろしいかをお聞きしました。

企画案には目をお通しいただけたでしょうか。

今週のスケジュールは、先日の会議で申し上げたとおりです。

木村部長のことは勿論(もちろん)存じ上げております。

新発売中の商品は全6種類ございます。

ヨーロッパの現地法人には、職員が約120人おります。

このような貴重な機会をいただきまして大変嬉しく存じます。

発注書の件は、承知(しょうち)いたしました。

課長の伊藤がそのように申しておりました。

中国の〇〇社からの受注の件は、部長の山田が担当しております。

今回の契約につきましては、前向きに検討してまいりたいと存じます。

詳しい金額につきましては、別途のメールでお知らせいたします。

弊社(へいしゃ)の新商品につきましてご案内いたしたく、メールいたしました。

Essence 1.3 丁寧語と改まり語

✿ 丁寧語

これからも精進(しょうじん)していきます。

〇〇大学のキムでございます。

✿ 改まり語

本日(ほんじつ)のスケジュールについて申し上げます。(※昨日(さくじつ)，明日(みょうにち)，明後日(みょうごにち))

契約の詳細につきましては、後程(のちほど)、メールにてご連絡いたします。(※先程(さきほど))

その件に関しましては、課長の佐藤より処理済(しょりずみ)だと聞いております。

ご来社の際には、あらかじめご連絡いただければ幸(さいわ)いです。

Essence 1.4 書き出し・結びでよく使われる表現

✿ 書き出し

いつもお世話になっております。〇〇商社のキムでございます。

佐藤です。先日はお世話になりました。

イでございます。メール、拝見(はいけん)しました。

お送りいただいたサンプル、確かに拝受いたしました。

たびたび申(もう)し訳(わけ)ありません。申し忘れたことがあり、再度メールいたします。

山田主任、ご返信、ありがとうございました。

✿ 結び

よろしくお願いいたします。

それでは、来週、お伺いいたします。

ご返信、お待ちしております。

お忙しいところ、失礼いたしました。

ご確認のほど、宜しくお願いいたします。

ご検討いただきますようお願い申し上げます。

くれぐれもご自愛(じあい)ください。

Essence 1.5　本文でよく使われる前置き表現

恐縮（きょうしゅく）ですが、ご返信いただけますようお願い申し上げます。

恐（おそ）れ入りますが、電話番号をお聞きしてもよろしいでしょうか。

お手数をおかけしますが、書類のほうは書留（かきとめ）でお送りいただけますでしょうか。

何度も申し訳ございませんが、次回の会議は14時からで宜しいでしょうか。

確認でございますが、注文量は先月と変わりないということで間違いないでしょうか。

Writing 1 **다음 일본어를 비즈니스 일본어로 바꾸시오.**

(1) こんにちは。○○社のチェです。返事、ありがとうございました。

(2) キムです。送ってくれたカタログ、見ました。

(3) 今回の出張には、佐藤課長も来るのですか。

(4) さっき、主任の山田から連絡したと思います。

(5) 東京出張のスケジュールはまだ決まっていません。

(6) 飛行機の半券は、経費申請の時に使えます。

(7) うちの店に来る時は、まえもって予約してもらえますか。

(8) ライバル社のマーケティング戦略についてはどう考えていますか。

(9) 原材料が値上がりしたので、その価格で販売するのは難しいと思います。

(10) 山田課長なら名前だけは知っています。

(11) あさってから商品を送っていきたいと思います。

(12) メールに添付ファイルがありません。すみませんが、もう一度送ってもらえますか。

(13) 今日、ソウルに出発します。すみませんが、数日間、面倒をかけます。

(14) 新しい事業への参加を検討するようにお願いします。

(15) 季節の変わり目、健康には気をつけてください。

Writing 2 다음 비즈니스 메일의 빈칸을 일본어로 채워보자.

下記のビジネスメールの空欄を適切な日本語で埋めましょう。

(　　　　　　　　　　　　　　　　　　　　　　　　　　)。ソウル商社のイでございます。先日は、わざわざご足労をいただき、ありがとうございました。おかげさまで、無事に契約を成功させることができました。再度、感謝申し上げます。

本日は、この度の契約と関連しまして(　　　　　　　　　　　　　　　　　　　　　　　　)。先日の契約の担当者の一人である主任のパクが中国支部への転勤が決まったのでございます。そのため、これよりは、(　　　　　　　　　　　　　　　　　　　　　)。チョンは実務経験が豊富で、貴社との取引におきましても十分な実績を積んでおります。もし契約におきまして何かありましたら、チョンに(　　　　　　　　　　　　　　　　　　　　　　　　　　)。

(　　　　　　　　　　　　　　　　　)、大変恐縮でございます。チョンには別途、ご連絡申し上げるよう伝えてありますので、何卒(なにとぞ)(　　　　　　　　　　　　　　　　　　　　)。貴社の(　　　　　　　　　　　　　　　　　　　　)。それでは、失礼いたします。

下記のビジネスメールの空欄を適切な日本語で埋めましょう。

東京△△社の製品開発部課長の伊藤です。(　　　　　　　　　　　)。
海外事業部の田中より(　　　　　　　　　　　　　　　　　　　　)。
弊社の新製品にご関心をお持ちいただき、大変嬉しく存じます。この度、弊社で開発した円型(えんがた)太陽光発電パネルは、従来の太陽光パネルに比べ、その効率の良さとコンパクトさにおきまして圧倒的に優(すぐ)れております。もし(　　　　　　　　　　　　　　　　　　　　　　　　)、カタログをお送りすることも可能でございます。カタログには製品の仕様と特長、そして発電容量別の価格が書いてあります。カタログを(　　　　　　　　　　　　　　　　　　　　)、弊社の海外事業部の担当者が渡韓し、直接伺い、サンプルをお見せいたしながら詳しくご説明申し上げられます。ごゆっくり(　　　　　　　　　　　　　　　　　　　　)、またご連絡いただければ幸いでございます。 何卒宜しくお願いいたします。
それでは、ご返信、お待ちしております。 失礼いたします。

Writing 3 주어진 상황에 맞춰 짧은 비즈니스 메일을 써보자.

短めのビジネスメール1

- どのようなことでメールを送るのか：新しい購入先に商品の購入が可能かを相談する。
- 誰に送るのか：新しい購入先の営業部の担当社員

短めのビジネスメール2

- どのようなことでメールを送るのか：出張スケジュールの変更を知らせる。
- 誰に送るのか：取引先の担当部署の上司

Writing 4 **스스로 상황을 설정하고 긴 비즈니스 메일을 써보자.**

- どのようなことでメールを送るのか：
- 誰に送るのか：

Level Up <時間関係>

01 ～たまま

・昨日テレビをつけたまま寝てしまいました。

・妹は横になったままスマートフォンを触っています。

02 ～間

・電車に乗って学校に来る間、ずっと音楽を聴いています。

・教室で友達を待っている間、窓から外の景色を眺めていました。

03 ～たびに

・毎年京都を旅行しますが、行くたびに新しい発見があります。

・あの人は会うたびに面白い話を聞かせてくれます。

04 ～次第

・スケジュールが決まり次第、ご連絡ください。

・資料の準備ができ次第、メールでお送りします。

MEMO

第13課

いい結果があるはずだ。

Essence 1 「～のだ」

<理由・説明>

彼は今、入院中だ。過労から病気になったのだ。

佐藤さん、どうして遅刻したんですか。

この山頂は一年中氷点下です。だから、夏でも氷が見られるんです。

<主張>

人は簡単に変わるものではないのだ。

今のままだと、問題が深刻化するのは必至なのだ。

どうしてもあの服がほしいんです。

<発見>

あれ、何で閉まってるんだろう。ああ、今日は臨時休館日なんだ。

海の中にハンカチのようなものがいた。クラゲだったのだ。

<言い換え・補足>

少年は両手を広げて目を閉じていた。秋の風を感じていたかったのだろう。

私は一日中、二階の部屋にいました。レポートを書いていたんです。

<決意・命令>

皆さん、力を合わせてこの災難を乗り越えるのです。

瓦礫（がれき）の下敷（したじ）きになっている人たちを一人も残さず救出するんだ。

Essence 2 「～はず」

<確実な判断>

いつも頑張っているから、いい結果があるはずだ。

彼がお前と同い年だなんて変だな。彼は僕より年上のはずだよ。

ここに置いたはずのカバンがない。

届くはずの商品が届きません。どこに問い合わせればいいんですか。

プロ野球の開幕式は明日のはずだったが、大雨で延期となった。

うちの子が悪いことをするはずがない。

Essence 3 「～わけ」

＜理由＞の「訳(わけ)」

なぜこんなことをしたのか訳を言え。

どういう訳か、おしゃべりのスホ君が一日中黙っている。

あおり運転をした人に逆切れされて訳が分からなかった。

＜納得・論理的な必然＞の「～わけだ」

今はタイムセール中か。だから半額なわけだ。

今年は冷夏だったから、野菜が値上がりしているわけなんだ。

地球は自転をするため、空の星は地球を中心に回るように見えるわけだ。

韓国では数え年を使うため、満年齢に比べ、1～2歳多くなるわけだ。

＜常識的な可能性の低さ＞の「～わけがない」

彼はその時間帯に海外にいたのだ。彼が犯人なわけがない。

日本人ならこの味が嫌いなわけがない。

タイは常夏(とこなつ)の国だから、1月でも寒いわけがない。

Ｔシャツ一枚で10万円だなんて、一般庶民に買えるわけがない。

Essence 4 「～つもり」

<意図>

今大会を成功させるために、何でもするつもりだ。

体を激しく動かすのはまだ無理だが、軽い運動は続けるつもりだ。

相手を罵倒(ばとう)するつもりはありませんでした。

<予想外の結果・仮定した気持ち>

自分では漢字を正しく書いたつもりなのに、間違っていた。

慰めたつもりだったが、彼女をもっと怒らせてしまった。

ボランティアではあるが、本当の先生のつもりで子供たちを教えたい。

分かったつもりで物事を言うのはよくない。

Writing 1 다음 한국어를 일본어로 바꾸시오.

(1) 일본어 한자는 일본인이라도 못 읽는 한자가 많단다.

(2) 여기는 세게 누르지 마세요. 고장이 날 수도 있거든요.

(3) 저는 그 아이를 믿는답니다. 교사가 학생을 안 믿으면 누가 믿는단 말입니까?

(4) 아빠, 조금만 왼쪽으로 가요. 언니 얼굴이 안 찍히거든요.

(5) 아, 일본에서는 춘분, 추분이 휴일이구나. 몰랐네.

(6) 침착해. 너라면 분명 잘 할 수 있을 거야.

(7) 선생님이 책상 위에 두었다고 하셨으니까 분명 거기 있을 거야.

(8) 이 품질에 이 가격이라면 고객들도 분명 만족할 것이다.

(9) 그녀는 반드시 약속은 지킨다. 약속시간에 안 올 리가 없다.

(10) 무슨 연유로 그런 거짓말을 한 거지요?

(11) 1시간에 몇 번이나 비가 왔다가 날이 맑았다가 하다니 영문을 모르겠다.

(12) 미리 예약으로 에어컨을 틀어 놓아서 시원한 거구나.

(13) 원래 두 사람은 초등학교 동창이어서 친한 거구나.

(14) 북극성을 보고 있을 때 우리는 약 430년 전의 빛을 보고 있는 셈이다.

(15) 이러한 연유로 새로운 조례를 정한 것입니다.

(16) 연말에는 아무데도 가지 않고 집에서 지낼 생각이다.

(17) 학교 측을 비난할 생각은 없지만 지금의 집단 괴롭힘 대책은 너무 느슨하다.

(18) 건강을 위해 운동을 한 거였는데 오히려 허리를 다치고 말았다.

(19) 소독할 생각으로 지폐를 전자레인지에 넣고 돌리는 것은 매우 위험하다.

(20) 항상 신인의 마음으로 무대에 서고 있습니다.

Writing 2 키워드를 사용하여 한국어를 일본어로 바꾸시오.

(1) 너는 나의 추억인데 나는 너의 무엇이란 말인가? 잊었을 기억이 되살아난 것은 오래된 사진이 발견됐기 때문이리라.

(思い出, 蘇(よみがえ)る, 古い, 見つかる, だろう)

(2) 과열된 경기를 안정시키기 위해 실시했을 터인 금리인상이 반대로 환율시장을 불안정하게 하여 역효과를 가져오고 말았다.

(過熱する, 落ち着かせる, 引き上げ, もたらす)

(3) 말썽을 부린 적 없는 아이가 나쁜 짓을 저질렀을 때 '우리 아이가 그런 나쁜 짓을 할 리가 없다'고 우기는 부모들이 있다. 부모이니까 자식을 믿고 싶은 것이다.

(やんちゃをする, 悪事(あくじ)に走る, 信じる)

(4) 배울 의지가 없는 학생에게 '열심히 하는 거다', '하면 된단 말이다'고 외치는 교사의 말은 공허했다. 그런 말로 문제아로 찍힌 아이들의 마음이 움직일 이유가 없었다. (学ぶ, 頑張る, やればできる, 叫ぶ, 空虚だ, 問題児, レッテルを張る)

(5) 남자가 여자의 기분을 풀어주려고 한 말이 오히려 여자의 기분을 상하게 할 때가 있다. 남자와 여자의 언어처리와 의사소통 방식이 근본적으로 다르기 때문에 이런 일이 벌어지는 것이다.
(なだめる, 気分を害(がい)する, 処理, コミュニケーション, 異なる)

(6) 내가 그 날 말없이 집에 간 거에는 다 이유가 있었단 말이야. 사실 그 날 몸이 좋지 않았거든. 즐거워야 할 뒤풀이 자리에서 나만 안 좋은 얼굴을 하고 있으면 민폐일 것 같아서 먼저 집에 간 거야.
(黙る, ちゃんと, 具合が悪い, 打ち上げ, 浮かない顔, 迷惑)

(7) 오늘 아침 전철에서 갑자기 모르는 남자가 다가와서 영혼이 어쩌니 액막이가 어쩌니 하는 둥 당최 영문을 알 수 없는 소리를 해 왔다. 무서워서 '됐거든요!' 하고 자리를 옮겼다. '세상에는 별 사람이 다 있구나' 하고 생각했다.

(突然, 近づく, 霊(れい), 厄除(やくよ)け, ~だの~だの, いい, 移る, 世の中, 色んな, ものだ)

Level Up <心情の強調・主張・譲歩>

01 ～てもしかたない

・落ち込んでいてもしかたないので、気持ちを切り替えて頑張ります。

・必要な本なので、多少値段が高くてもしかたない。

02 ～てもおかしくない

・このカメラはもう古いものなので、いつ壊れてもおかしくない。

・この試合はどちらが勝ってもおかしくない接戦で、勝敗は最後までわからない。

03 ～て良かった

・買い物で荷物が増えましたが、エコバッグを持ってきていて良かったです。

・先日は久しぶりに学校で会えて良かったです。

04 ～に決まっている

・毎日徹夜していたら体を壊すに決まっている。

・果物はデパートよりスーパーで買うほうが安いに決まっている。

MEMO

第 14 課

白を切っても無駄だ。

Essence 1 여러 가지 관용구(慣用句)

佐藤君は、頭の切れる学生だ。

犬も歩けば棒に当たると言うから、興味のある会社には全部応募するつもりだ。

結婚指輪を落としてしまって、目を皿にして探した。

高額な商品を買ってくれた上に、周りの人にまでうちの店を宣伝してくれるなんて、鴨が葱を背負ってくるとはこのことだ。

あの役者の若かりし頃の姿は、びっくりするほどの男前だった。

二枚目のスポーツ選手と言えば、彼しかいない。

部長が朝からお冠だ。

白を切っても無駄だ。

あの女優は高飛車なことで有名だったが、今はそうでもないらしい。

あの政治家は、いまだに辛気臭いことを言っていてもううんざりだ。

なぜ自然災害があるたびに後手に回ることが多いのか理解に苦しんでいる。

息子が生返事ばかりするからびしっと叱った。

景気をよくするためには、枚挙に暇がないほどの問題が山積している。

友達が「大丈夫」と言い張って千鳥足で帰ったから心配になった。

あろうことか、この人は大恩人を裏切ってしまった。

右肩上がりの株価が頭打ちとなった。

理由も分からず、呂律が回らない人には脳梗塞の可能性があると言う。

借金返済期間の延長を申し出に言ったが、取り付く島もなかった。

そんな歯(は)に衣着(きぬき)せぬことは止めて、オブラートに包(つつ)んだ言い方にしたらどう？

Essence 2 한국어와 다른 표현(日本語ならではの表現)

Essence 2.1 文法

いいカバンですね。

いい顔している。

よい週末を。

残りの時間は何をしようかな。

来るまで待っててね。

大きな夢を胸に帰国の途(と)につく。

あのチームには勝てる気がしない。

後、10分です。

○○食堂って知っていますか。

アドバイスをありがとう。

Essence 2.2 語彙

このラーメンは味が濃い。

このラーメンのスープはとても濃厚だ。

彼は事件の渦中(かちゅう)に巻き込まれてしまった。

唐突な質問に大臣は慌(あわ)てていた。

親戚の叔父(おじ)が成仏(じょうぶつ)した。

彼女の圧巻の演技にスタンディングオベーションが起きた。

マニュアル作りをすることで仕事の合理化を図る。

彼女は、自分の主張を無理やりに正当化している。

お支払いは、一括払いと分割払いのどちらがよろしいでしょうか。

定期積金(つみきん)のために5万円を振り替えてから、家賃を振り込んだ。

冷蔵庫の背面を掃除したら、すごい量のホコリが出た。

新築のビルに「テナント募集中」と張り紙が張ってある。

Writing 1 학습한 관용구를 사용하여 일본어로 바꾸시오.

(1) 머리 좋은 사람의 특징 중 하나는 날카로운 질문을 한다는 점이다.

(2) 닥치는 대로 오디션을 봤더니 끝내 한 곳에 합격했다. 그저 길을 가다 보면 행운을 만날 날도 있다더니 바로 이런 것을 말하나 보다.

(3) 가게 형편이 어려웠는데 전단지를 보고 들어온 처음 보는 손님이 매일 와주었을 뿐만 아니라 단체예약까지 해주었다. 호박이 넝쿨째 굴러들어온 기분이다.

(4) 모든 여성이 미남을 좋아하는 것은 아니다.

(5) 담임 선생님이 오늘은 심기가 불편한 것 같다.

(6) 네가 아까 내 과자 먹는 것, 다 봤단 말야. 시치미 뗄 생각이야?

(7) 사토(佐藤)선배, 처음 보는데 반말로 명령하더라. 되게 고압적인 사람이야.

(8) 21세기에 무슨 남존여비를 따져? 진짜 속 터지는 소리하고 있다니까.

(9) 재해지에 피해가 퍼지고 있는데 뒷북 대책을 내놓았다.

(10) 감독이 똑바로 하라고 혼내도 선수들은 건성으로 대답할 뿐이었다.

(11) 이 영화의 매력은 일일이 다 들 수 없을 정도다.

(12) 만취해서 갈지자로 걷고 있는 사람을 힐끔 봤더니 바로 우리 아버지였다.

(13) 도대체 무슨 일인지 그녀는 그 일편단심이던 남자친구에게 이별통고를 받았다.

(14) 그 회사의 연봉은 60세가 되면 더 이상 오르지 않는다.

(15) 흥부는 놀부 처에게 곡식을 빌리러 갔지만 된서리만 맞았다.

(16) 그 평론가는 거침없는 발언으로 유명했다.

(17) 같은 비판이라도 에둘러서 말하는 쪽이 상대방에게 덜 상처를 준다.

Writing 2 한국어와 다른 표현에 유의하며 일본어로 바꾸시오.

(1) 이게 네 차야? 차가 좋네. 날씨도 좋은데 이 차로 드라이브라도 가는 건 어때?

(2) 그러면 오늘은 이만 실례하겠습니다. 연휴 잘 보내시기 바랍니다.

(3) 경제협력개발기구(OECD) 가입국을 대상으로 '이 나라에 태어난 것을 자랑스럽게 여기는가?'라는 설문조사를 하자 놀라운 결과가 나왔다.

(4) 아무리 일찍 일어나도 첫차는 못 탈 것 같으니까 6시 넘어서 오는 전철로 가자.

(5) 졸음을 쫓는 방법 중 하나로 괴로워질 때까지 숨을 참는 것을 들 수 있다. 하지만 괴로워질 때까지 숨을 참는 것은 말처럼 쉽지 않다.

(6) 이 학생들은 큰 꿈과 가능성을 손에 쥐고 날아오를 것이다.

(7) 이 책은 내용이 너무 어려워서 읽을 엄두가 나지 않는다. 하지만 리포트 제출마감까지는 이틀밖에 남지 않았다.

(8) 저기요, 말씀 좀 여쭙겠는데요, 이 근처에 우체국이 있나요?

(9) 이 소프트 아이스크림은 우유 맛이 아주 진하다. 간이 센 음식을 먹은 후의 디저트로 그만이다.

(10) 요즘 저 대학교수가 화제의 중심에 있는 인물이다. 특히 돌발적인 발언으로 세간의 주목을 받고 있다.

(11) 지금의 사무 방식은 일을 합리적으로 진행시키기 위한 것이야. 그런데 자네는 사무 방식을 지키지 않으면서도 사과도 없이 자신의 잘못을 합리화하고만 있지 않은가?

(12) 지난 달 이 건물에 세입자로 입주했다. 그런데 오늘 갑자기 컴퓨터 뒷면에서 소음이 들려서 출장서비스를 신청했더니 기사가 바로 와서 문제가 되는 부분을 수리해 주었다. 하지만 수리비로 2만 엔이나 들고 말았다. 현금이 없어 할 수 없이 인터넷뱅킹으로 수리비를 이체했다.

Level Up　<抽象関係(状態)>

01 ～かどうか

・林さんが帰国したかどうか知っていますか。

・１週間後は桜の花が残っているかどうかわかりません。

02 ～かなにか

・吉田さんは美容院の予約かなにか用事があると言って急いで帰りましたよ。

・時間がもったいないからとりあえずカフェに行くかなにかしよう。

03 ～をしている

・渡辺さんはきれいな声をしています。

・パプリカは鮮やかな色をしているので、料理の彩りによく使われます。

한 단계 UP!

모범 답안

第1課 出口はここではなかった。

Writing1.

(1) 中国の首都は北京(ペキン)だ／である。
(2) ここは子供の遊び場ではありません。
(3) エベレストは、昔は山ではありませんでした／なかったです。
(4) 少子高齢化は韓国の問題でもある。
(5) 今回のこと／出来事は誰のせいでもない。
(6) 父の手料理はいつもおいしいです。
(7) 夕べ／昨夜、怖い夢を見た。
(8) そんなに簡単な問題ではありません。
(9) あんな自慢はあまり／別に羨(うらや)ましくない。
(10) 受験生の生活は楽ではありません。
(11) 佐藤先輩はいつも明るくて元気だ／元気いっぱいだ。
(12) 作文の先生は親切で優しい。
(13) その映画は全然／全く面白くなかった。
(14) 70年前の東京の街はきれいではありませんでした／なかったです。
(15) 皆さんからの通報が早ければ早いほど犯人を捕まえる確率が高くなります。

Writing2.

(1) 그는 소문난 미남이기는 했지만 구두쇠로 유명했다. (うわさ, イケメン, ケチだ, 有名だ)
→ 彼はうわさのイケメンではあったが、ケチで有名だった。

(2) 10살 차이 나는 동생이 자기밖에 몰라서 걱정이다. (年下, わがままだ, 心配だ)
→ 10歳年下の弟／妹がわがままで心配だ。

(3) 첫사랑은 젊었던 시절의 달콤쌉싸래한 추억이다. (初恋, 若い, ほろ苦い)
→ 初恋は若かった頃のほろ苦い思い出だ／である。

(4) 그 화가의 그림은 신비롭고 상상력이 풍부하며 아름다웠다. (画家, 神秘的, 想像力豊かだ, 美しい)
→ その画家の絵は神秘的で、想像力豊かで、美しかった。

(5) 그 젊은 가수는 노래도 잘하고 춤도 잘 추며 끼도 넘쳤다. (若い, 上手(うま)い、上手(じょうず)だ, 才能豊かだ)
→ その若い歌手は歌も上手くて、ダンスも上手で才能豊かだった／であった。

(6) 일본어 어휘의 절반은 한자어이기는 하지만 외래어도 적지 않다. (語彙, 半分 , 漢語, 外来語, 少ない)

→ 日本語語彙の半分は漢語ではあるが、外来語も少なくない。

(7) 그녀는 환하게 웃는 얼굴이어서 싫지만은 않은 표정이었다. (明るい, 笑顔, 満更でもない, 表情)

→ 彼女は明るい笑顔で満更でもない表情だった／であった。

(8) 일본에서 가장 작은 행정구역은 가가와현이고 그 다음이 오사카부이고 그 다음이 도쿄도다. (最も, 小さい, 都道府県, 香川県, 大阪府, 東 京 都)

→ 日本で最も小さい都道府県は香川県で、その次が大阪府で、その次が東京都だ／である。

Level Up1

(1) 机の上に誰かのカバンがある。

→ 誰かのカバンが机の上にある。

(2) 日本語を勉強する上で大事なことは何ですか。

→ 日本語を勉強するにあたって大事なことは何ですか。

(3) 契約書をよく読んだ上でサインをする。

→ 契約書をよく読んでから／読んだ後でサインをする。

(4) みんなの意見を聞いた上で決めましょう。

→ みんなの意見を聞いてから／聞いた後で決めましょう。

(5) このアイドルは演技ができる上に歌も上手い。

→ このアイドルは演技もできるし、歌も上手い／このアイドルは演技も歌も上手い。

(6) 彼のレポートは入力ミスが多い上に内容も分かりにくい。

→ 彼のレポートは入力ミスも多いし、内容も分かりにくい。

第2課　ボタンを押せば缶コーヒーが出ます。

Writing1.

(1) 너무 맛있어서 말이 나오지 않는다.
→ おいしすぎて言葉が出ない。

(2) 보통은 아침 6시에 일어납니다.
→ 普段は、朝6時に起きます。

(3) 보면 볼수록 귀여운 아기다.
→ 見れば見るほどかわいい赤ちゃんだ。

(4) (지하철에서 친구에게) 야, 빨리 좀 내려라.
→ おい、早く降りろよ。

(5) 내일 일은 내일 생각하자.
→ あしたのことはあした考えよう。

(6) 약을 먹어도 별로 효과가 없었다.
→ 薬を飲んでもあまり効かなかった。

(7) '달려라, 메로스'라는 다자이 오사무(太宰治)의 소설이 있다.
→ 『走れメロス』という太宰治の小説がある。

(8) 오늘은 친한 친구와 즐겁게 놀았다.
→ 今日は、親友と楽しく遊んだ。

(9) 울지 않는 두견새를 보고, 오다 노부나가(織田信長)는 '울지 않으면(鳴かぬなら) 죽여버려라, 두견새(ホトトギス)'라고, 도요토미 히데요시(豊臣秀吉)는 '울지 않으면 울려보이마, 두견새'라고, 도쿠가와 이에야스(徳川家康)는 '울지 않으면 울 때까지 기다리마, 두견새'라고 했다고 한다.
→ 鳴かないホトトギスを見て、織田信長は「鳴かぬなら殺してしまえ、ホトトギス」と、豊臣秀吉は「鳴かぬなら鳴かせてみせよう、ホトトギス」と、徳川家康は「鳴かぬなら鳴くまで待とう、ホトトギス」と言ったという。

(10) 답장이 좀처럼 오지 않는다.
→ 返事／返信がなかなか来ない。

(11) 오늘은 일찌감치 학교에 와서 청소를 하고 운동장을 달렸다.
→ 今日は、早めに学校に来て掃除をして運動場を走った。

(12) '보고 싶다'라는 노래를 가장 좋아합니다.
→ 『会いたい』という曲が一番好きです。

(13) 하고 싶지 않아도 해야만 하는 일이 있다.
→ やりたくなくてもやらなければならない／いけないことがある。

(14) 이 학생들과 헤어지고 싶지 않다.
→ この生徒／学生たちと別れたくない。

(15) 장래에는 어떤 직업을 가지고 싶나요?
→ 将来は、どんな職に就きたいですか。

(16) 저에게 고쳤으면 하는 점이 있나요?
→ 私に直してほしいこと／点はありますか。

(17) 그런 말은 안 했으면 좋겠다.
→ そんなことは言わないでほしい／言ってほしくない。

Writing2.

(1) 요즘 너무 많이 먹어서 살이 5kg나 쪘다. 빨리 빼고 싶다.(食べる, 過ぎる, 太る, やせる)
→ 最近、食べ過ぎて5キロも太った／太ってしまった。早くやせたい。

(2) 하고 싶은 말이 있으면 확실하게 말해주었으면 한다. (言う, ある, はっきり)
→ 言いたいことがあれば／あったら／あるなら、はっきり(と)言ってほしい。

(3) 무한리필 고기가게에 가서 한 시간에 10인분이나 먹었다. (食べ放題, 焼き肉屋, 行く, 食べる)
→ 食べ放題の焼き肉屋に行って1時間で10人前も食べた／食べてしまった。

(4) 나도 읽고 싶으니까 빌려준 책 그만 돌려줬으면 좋겠어. (読む, 貸す, 返す)
→ 私も／僕も読みたいから、貸した本、もう返してほしい。

(5) 나이가 들면 들수록 눈물이 많아져서 난감하다. 울고 싶어도 참아야겠다. (年を取る, 涙もろい, 困る, 泣く, 我慢する)
→ 年を取れば取るほど、涙もろくなって／なってしまって困る。泣きたくても／泣きたくなっても我慢しよう。

Level Up1

(1) テーブルの下に猫がいる。
→ 猫がテーブルの下にいる。

(2) 旅行の前に下調べをする。
→ 旅行の前に前もって調べておく。

(3) 上司の指導の下、仕事を進める。
→ 上司から丁寧に指導を受けて仕事を進める。

(4) 厳しい管理の下で製品を作る。
→ 厳しい管理が及ぶところで製品を作る／厳しい管理の中で製品を作る。

第3課 書きことばと話しことば

Writing1.

(1) 韓国の首都はソウルで、日本の首都は東京だ。
→ 韓国の首都はソウルであり、日本の首都は東京である。

(2) 空は青くて海は静かで穏やかだった。
→ 空は青く、海は静かであり、穏やかであった。

(3) 大学に進んでたくさんのことを学ぶ。
→ 大学に進み、たくさんのことを学ぶ。

(4) みんなで話し合ってスケジュールを決める。
→ みんなで話し合い、スケジュールを決める。

(5) 蚊が大量発生していて住民たちが困っている。
→ 蚊が大量発生しており、住民たちが困っている。

(6) 出火原因はまだ分かっていなくて警察が調べている。
→ 出火原因はまだ分かっておらず、警察が調べている。

(7) 被害者は家族には連絡しないでひとりで耐(た)えていた。
→ 被害者は実家には連絡せずにひとりで耐えていた。

(8) 万引(まんび)きをした老人は理由も言わないで黙っている。
→ 万引きをした老人は理由も言わずに黙っている。

(9) もっとよい方法を考える必要がある。
→ よりよい方法を考える必要がある。

(10) 今年の入試問題は、ちょっと難しかった。
→ 今年の入試問題は、若干／多少難しかった。

(11) 新しい建物は大体完成している。
→ 新しい建物はほぼ完成している。

(12) 今日の為替(かわせ)レートはたぶん下がるだろう。
→ 今日の為替レートは恐らく下がるであろう。

(13) 大地震(おおじしん)に備えるための対策がちゃんと立ててある。
→ 大地震に備えるための対策がきちんと立ててある。

(14) 彼は何十年もタバコを吸ってきた。それで病気になった。
→ 彼は何十年もタバコを吸ってきた。そのため、病気になった。

(15) 最近、あのゲームが流行っている。でも、とても高価だ。
→ 最近、あのゲームが流行っている。とはいえ、とても高価である。

(16) お盆には実家に戻りたかった。けど、今年は無理だった。
→ お盆には実家に戻りたかった。しかし／だが、今年は無理であった。

(17) 今年の景気はよかった。ところで、来年はどうなるのだろう。
→ 今年の景気はよかった。一方、来年はどうなるのであろう。

Writing2.

(1) 길이 좁아 짐을 나르기 힘들었다. 하지만 사람들은 힘을 모아 길을 나아가 목적지에 도착했다. (狭い, 運びづらい, 合わせる, 目的地, 到着する)
→ 道が狭く、荷物を運びづらかった。しかし、人々は力を合わせ、道を進み、目的地に到着した。

(2) 그 침팬지는 인간의 언어를 학습하여 약간 의사소통이 가능하게 되었다. 그렇다고는 해도 아직 대부분은 이해하지 못해 계속 학습시켜야만 했다. (チンパンジー, 学習する, コミュニ

ケーション, ほとんど, 理解する, 続ける)

→ そのチンパンジーは人間の言語を学習し、若干／多少コミュニケーションができるようになった。とはいえ、まだほとんどは理解できておらず／理解できていなかったため、学習させ続けなければならなかった。

(3) 설명서를 읽지 않고 기계를 작동시켜서는 안 된다. 왜냐하면 대단히 위험하기 때문이다. (説明書, 読む, 動かす, 危ない)

→ 説明書を読まずに機械を動かしてはならない／いけない。なぜなら非常に／大変危険だからである。

(4) 물가가 다소 올랐다. 그래서 많은 공공요금도 동시에 가격이 인상되었다. 정부가 더 적극적으로 대응해주었으면 좋겠다. (公共料金, 同時に, 値上がりする, 対応する)

→ 物価が若干／多少上がった。そのため、多くの公共料金も同時に値上がりしている／した。政府により積極的に対応してほしい。

(5) 이 기자의 주장에는 동의할 수 없다. 왜냐하면 제대로 된 근거를 제시하지 않아 신뢰성이 없기 때문이다. (同意する, 根拠, 提示する, 信頼性, 欠ける)

→ この記者の主張には同意できない。なぜなら、きちんとした根拠を提示しておらず／していないため、信頼性に欠けるからである。

(6) 폭염이 계속되어 건강을 해치기 쉬운 때이다. 더위를 참지 말고 에어컨을 켜곤 하여 건강을 지키자. (猛暑, 続く, 体調を崩(くず)す, 時期, 我慢する, クーラーをつける, 守る)

→ 猛暑が続き、体調を崩しやすい時期である。暑さを我慢せず(に)、クーラーをつけたりし、健康を守ろう。

(7) 초미세먼지로 인한 대기오염이 심각해져서, 우리들의 생활에도 많은 영향을 끼치고 있다. 따라서 초미세먼지 저감을 위해 여러 가지로 머리를 맞대야 한다. (PM2.5, 大気汚染, 深刻になる, 影響を及ぼす, 低減, 様々な, 工夫をする)

→ PM2.5による大気汚染が深刻になり、私たち／我々の生活にも多くの影響を及ぼしている。従って／そのため、PM2.5の低減のために様々な工夫をしなければならない。

(8) 그는 게임에 빠져 24시간이나 잠을 자지 않고 게임만 하고 있었다. 그래서 주변 사람들이 억지로 그만 두게 하여 병원에 데려갔다. (夢中になる, 過ぎる, 寝る, 周り, 無理やりに, やめる, 連れる)

→ 彼はゲームに夢中になりすぎ／なりすぎてしまい、24時間も寝ずにゲームばかりしていた。そのため、周りの人たち／人々が無理やりにやめさせ、病院に連れていった。

Level Up1

質問1: 洪水で避難する時に手に持っていたほうがいいものは？

< A > 傘　　　　　　　　　　　< B > 懐中電灯

→ 정답은 「傘」. 물로 인해 바닥이 보이지 않을 때 지팡이처럼 바닥을 확인하며 걸을 수 있어서 맨홀이나 웅덩이에 빠지거나 계단에서 구르는 것을 막을 수 있다. 단, 정답을 맞혔는지 보다는 문장체로 자신의 의견을 잘 피력하고 있는지를 확인하자.

質問2：地震が起きた時、家の中での正しい行動は？

< A > テーブルの下にもぐる。　　　<B>急いで玄関に移動する。

→ 정답은 「急いで玄関に移動する」. 지진으로 현관문의 형태가 바뀌어 문을 열 수 없게 되면 집안에 갇히게 되므로 현관문을 열어 두고 지진이 가라앉기를 기다려야 한다. 탁자 아래에 숨어 있으면 집안에 갇히거나 부서진 가재도구에 부상을 입을 위험이 있다. 단, 정답을 맞혔는지보다는 문장체로 자신의 의견을 잘 피력하고 있는지를 확인하자.

第4課　名前が呼ばれたので、発表させていただきました。

Writing1.

(1) 얼룩말이 사자에게 잡아 먹혔다.
→ シマウマがライオンに食べられた。

(2) 요즘 스팸메일이 자꾸 온다.
→ 最近、迷惑メール／スパム(メール)がやたら(と)／送られてくる。

(3) 저 선수는 맷집이 좋다.
→ あの選手は打たれ強い。

(4) 소꿉친구에게 고백을 받았다.
→ 幼馴染に告白された。

(5) 조용히 하라고 선생님에게 혼났다.
→ 「静かにしろ」と先生に怒られた。

(6) 이 가위는 잘 잘린다.
→ このはさみはよく切れる。

(7) 새로 나온 게임이 잘 팔린다.
→ 新発売のゲームがよく売れる／売れている。

(8) 영화표를 사기 위해 줄을 섰다.
→ 映画(の)チケットを買うために並んだ。

(9) 지진이 일어나서 잠이 깼다.
→ 地震が起きて／起こって目が覚めた。

(10) 아이에게 밥을 먹였다.
→ 子供にご飯を食べさせた。

(11) 아들이 같은 반 아이를 다치게 했다.
→ 息子がクラスメート／同じクラスの子に怪我／ケガをさせた／させてしまった。

(12) 남동생을 심부름 보냈다.
→ 弟をお使いに行かせた。

(13) 오늘은 조금 일찍 귀가하게 해주세요.
→ 今日は少し早めに帰らせてください。

(14) 물을 냉동실에 넣어 얼렸다.
→ (お)水を冷凍室に入れて凍らせた。

(15) 유통기한이 지난 우유를 마시고 배탈이 났다.
→ 賞味期限が／の切れた牛乳を飲んでお腹を壊した／壊してしまった。

(16) 어린 시절 누나와 자주 숨바꼭질을 하면서 놀았다.
→ 子供の頃、姉とよくかくれんぼをしながら遊んだ／遊んだものだ。

(17) 손님을 차에 태웠다.
→ (お)客(様)を車に乗せた。

(18) 그러면 발표를 시작하도록 하겠습니다.
→ それでは／では、発表を始めさせていただきます。

(19) 사토(佐藤(さとう))님, 스케줄을 확인해드리도록 하겠습니다.
→ 佐藤様、スケジュールを確認させていただきます。

(20) 대단히 죄송합니다만, 시간을 1시간 정도 늦춰도 괜찮을는지요?
→ 大変申し訳ありません／ございませんが、1時間ほど遅らせていただいてもよろしいでしょうか。

Writing2.

(1) 오늘 밤부터 기온이 내려가 추워지겠습니다. 하지만 기온은 평년 수준일 것으로 예상됩니다. (下がる, 平年並み, 予想する)
→ 今夜から気温が下がり、寒くなるでしょう。それでも／でも気温は平年並みと予想されます。

(2) 학생들에게 리포트를 쓰게 하고 잘못된 곳은 고쳤다. (書く, 間違う, 箇所, 直す)
→ 学生たちにレポートを書かせて／書かせ、間違った箇所は直した。

(3) 신입생에게 억지로 술을 먹이는 것은 금지되어 있습니다. (飲む, 禁じる)
→ 新入生に無理やり(に)(お)酒を飲ませることは禁じられています。

(4) 네가 무시해 온 사람들에게 미움을 살지도 모르니까 조심하는 게 좋아. (バカにする, 嫌う, 気をつける)
→ 君／お前がバカにしてきた人たちに嫌われるかもしれないから、気をつけたほうがいいよ。

(5) 그 책은 날개 돋친 듯 팔려 나가 그는 하루 아침에 잘 나가는 작가가 되었다. (飛ぶ, 売れる, 一夜, 売れっ子)
→ その本は飛ぶように売れ／売れていき、彼は一夜で売れっ子作家と／になった。

(6) 싸움을 걸어오면 응수해서는 안 된다. 나중에 또 다른 싸움을 벌게 되기 때문이다. (売る, ケンカ, 買う, 後(のち)に, 新(あら)ただ)
→ 売られたケンカを買ってはならない／いけない。後に新たなケンカを買うことになるからである／だ。

(7) 맡겨진 일은 제가 책임지고 하도록 하겠습니다. (任せる, やる)
→ 任せられた仕事は、私が責任を持ってやらせていただきます。

(8) 예부터 전해오는 '사나운 매는 발톱을 감춘다'는 속담이 있다. 능력이 있는 사람은 그 재능을 감추고 필요할 때에 발휘한다는 뜻이다. (能(のう)ある鷹(たか)は爪(つめ)を隠(かく)す, ことわざ, 伝わる, いざという時, 発揮する)
→ 古くから伝わる「能ある鷹は爪を隠す」ということわざがある。能力のある人はその才能を隠し／隠して、いざという時に発揮するという意味だ／である。

(9) 다나카 과장님이 저를 대신 보내셨습니다. 이번 계약 업무를 담당하게 된 김수호라고 합니다. (田中, 行く, この度, 契約, 仕事, 担当する)
→ 田中課長が私を代わりに行かせました。この度、契約の仕事を担当させていただく／いただきますキム・スホと申します。

(10) 저는 이번 발표회의 사회를 맡게 된 이미나라고 합니다. 여러분께서 보내주신 많은 엽서 중에서 한 장을 골라 선물을 드리도록 하겠습니다. (発表会, 司会を務める, 送る, ハガキ, 差し上げる)
→ 私は今回の発表会の司会を務めさせていただく／いただきますイ・ミナと申します。皆さんに送っていただいた／皆さんが送ってくださった多くのハガキの中から一枚を選び、プレゼントを差し上げます。

Level Up1

(1) 日曜日なのに会社に来させられた。
→ 日曜日には会社に来たくないのに無理して来た／来てしまった。

(2) 幼稚園児のころから受験勉強をさせられる子供がいる。
→ 幼稚園児のころからしたくないのに無理して受験勉強をする子供がいる／幼稚園児のころから受験勉強などしたくないのに無理やりにする子供がいる。

(3) 悪徳商法に騙されて高い本を買わされた。
→ 悪徳商法に騙されて買いたくないのに無理して高い本を買ってしまった。

第5課 ありえない事件が起き、案じられてならない。

Writing1.

(1) 이 광경을 보고 있자면 신입생 때가 절로 떠오른다.
→ この光景を見ていると、新入生の頃が思い出される。

(2) 오늘은 하루가 짧게 느껴진다.
→ 今日は一日が短く感じられる。

(3) 범인은 의류매장 점원일 것으로 여겨진다.
→ 犯人はアパレルショップの店員だと思われる。

(4) 아이와 연락이 되지 않아 걱정이 되어 견딜 수가 없다.
→ 子供と連絡が取れず／取れなくて、身が案じられてならない。

(5) 그 가게에는 자주 가시나요?
→ その店にはよく行かれますか。

(6) 이토(伊藤) 선생님께서 말씀하신 대로입니다.
→ 伊藤先生の言われたとおりです。

(7) 요즘은 취미로 어떤 것을 하고 계시나요?
→ 最近は、趣味としてどんなことをされていますか。

(8) 선생님께서는 항상 이 자리에서 커피를 드십니다.
→ 先生はいつもこの席でコーヒーを飲まれます／飲まれています。

(9) 이 한자를 읽을 줄 아세요? (「r・areru」 사용)
→ この漢字が読めますか。

(10) 저는 일이 있어서 못 가요. (「r・areru」 사용)
→ 私は仕事があって／あるので行けません。

(11) 오늘은 너무 피곤해서 잠이 잘 오지 않는다. (「r・areru」 사용)
→ 今日は疲れすぎて(よく)眠れない。

(12) 겨울 아침에는 좀처럼 이불에서 못 나오겠다. (「r・areru」 사용)
→ 冬の朝は、なかなか布団から出られない。

(13) 저는 손으로 사과를 쪼갤 수 있습니다. (「～ことができる」 사용)
→ 私／僕は、手でりんごを割ることができます。

(14) 주문을 취소할 수 있나요? (「～ことができる」 사용)
→ 注文／オーダーをキャンセル(することが)できますか。

(15) 해가 저물어서 더 이상 나아갈 수가 없었다. (「～ことができる」 사용)
→ 日が暮れて／暮れてしまって、これ以上進むことができなかった。

(16) 맑은 날에는 부산에서 쓰시마(対馬)를 볼 수 있다. (「～ことができる」 사용)

→ 晴れた日は、釜山から対馬を見ることができる。

(17) 교통사고는 누구에게나 일어날 수 있다. (「〜うる／える」 사용)
→ 交通事故は誰にでも起こりうる。

(18) 말도 안 되는 테러가 일어났다. (「〜うる／える」 사용)
→ ありえないテロが起きた／起きてしまった。

(19) 담배는 암의 원인이 될 수 있습니다. (「〜うる／える」 사용)
→ タバコはガン／癌の原因になりえます。

(20) 이번 사건에는 분노를 금할 수가 없다. (「〜うる／える」 사용)
→ 今回の事件には怒り／憤(いきどお)りを禁じ得ない。

Writing2.

(1) 아이에게는 하루가 길게 느껴진다고 한다. 여러 가지 일에서 새로운 자극이 얻어져 매 순간을 즐길 수 있기 때문이다.(感じる, 様々だ, 刺激, 瞬間, 得る, 楽しむ)
→ 子供には一日が長く感じられると言う。様々なことから新しい刺激が得られ、その瞬間を楽しむことができる／楽しめるからだ／である。

(2) 선생님은 매일 일을 마친 후 책을 읽으시고 가벼운 운동을 하시고서 귀가하신다. (お仕事, 読む, 運動をする, 帰る)
→ 先生は毎日、お仕事の後、本を読まれ、軽い運動をされてから帰られる／帰られている。

(3) 중동에서는 석유가 많이 생산된다. 생산된 석유는 유조선으로 한국까지 옮겨진다. 석유 사용처의 다양함에는 놀라움을 금할 수 없다. (中東, 生産する, 油槽船(ゆそうせん), 運ぶ, 使い道, 禁じる)
→ 中東ではたくさんの石油が生産される／されている。生産された石油は、油槽船で韓国まで運ばれる。石油の使い道の多さには驚きを禁じ得ない。

(4) 지진이 일어난 후 가족과 연락을 할 수가 없다. 모두 무사한지 걱정이 되어 견딜 수가 없다. (起きる, 連絡を取る, 案じる)
→ 地震の後、家族と連絡が取れない。みんな無事か／無事なのか案じられてならない。

(5) 가위에 눌려서 몸을 움직일 수 없었다. 누군가가 나를 보고 있는 듯한 느낌이 들었다. (金縛りにあう, 動かす, 見る, 感じる)
→ 金縛りにあって体(からだ)／身体(からだ)を動かすことができなかった。誰かに見られているように感じられた。

(6) 한국에서도 큰 지진이 일어날 수 있다. 지진에 제대로 대비할 수 있는 훈련이 필요할 것으로 생각된다. (大地震, 起こる, 備える, 思う)

→ 韓国でも大地震が起こりうる。地震に備えられるような訓練が必要だ／であると思われる。

(7) 다나카(田中) 선생님께서도 말씀하셨지만, 지나친 음주는 피하시는 것이 좋다고 생각됩니다. (言う, 飲みすぎ, 避ける, 思う)

→ 田中先生も言われましたが、お酒の飲みすぎは避けられたほうがいいと思われます。

(8) 내일 식전에서 공주께서는 호화로운 드레스를 입으십니다. 이 드레스는 혼자서는 도저히 입을 수가 없습니다. (式典, お姫様, 豪華だ, 召す, とても, 着る)

→ 明日の式典でお姫様は豪華なドレスを召されます。このドレスは一人ではとても着ることができません／着られません。

Level Up1

(1) 韓国ドラマの中で、この作品が一番泣ける。

→ 韓国ドラマの中で、この作品が一番自然と／思わず涙が出る／思わず泣いてしまう。

(2) 彼の顔をパッと見ただけで笑える。

→ 彼の顔をパッと見ただけで思わず笑ってしまう。

(3) その光景を見て親の子供への愛はとてつもなく深いものだと思えた。

→ その光景を見て、自然と親の子供への愛はとてつもなく深いものだと思った。

第6課 意見文を書こう。

자유 작문

第7課　外国人観光客が増えてきている。

Writing1.

(1) 아이스크림이 녹고 있다.
→ アイスクリームが溶(と)けている。

(2) 체육대회 우승을 목표로 다 함께 분발하고 있다.
→ 体育大会／体育祭の優勝を目指してみんなで頑張っている。

(3) 왜 허구한 날 술만 마시니?
→ 何で／どうして毎日(お)酒ばかり飲んで(い)るのか。

(4) 다이어트를 위해 주말마다 요가를 하고 있다.
→ ダイエットのために毎週末にヨガをしている。

(5) 한 달에 한 번 항상 가족끼리 캠핑을 간다.
→ 月に1回、いつも家族でキャンプに行っている。

(6) 이 호수의 물은 깜짝 놀랄 정도로 굉장히 맑다.
→ この湖の水はびっくりする／驚くほどとても澄(す)んでいる

(7) 이 고기, 잘 구워졌네.
→ この肉、よく焼けて(い)るね。

(8) 수호는 안경을 쓰고 있고 미나는 쓰지 않았다.
→ スホは眼鏡／メガネをかけていて／おり、ミナはかけていない。

(9) 그는 차례로 게임을 클리어해 나갔다.
→ 彼は次々とゲームをクリアしていった。

(10) 앞으로도 열심히 일본어를 공부해 나가겠습니다.
→ これからも一所懸命日本語を勉強していきます／日本語の勉強を頑張っていきます。

(11) 두 사람은 변함없이 사랑을 키워 오고 있다.
→ 二人は、相変わらず愛を育(はぐく)んできている。

(12) 근래 10년간 출생률이 감소해오고 있다.
→ ここ10年間、出生率(しゅっしょうりつ)が減って／減少してきている。

(13) 그녀의 영어 실력은 앞으로 더 늘어갈 것으로 생각된다.
→ 彼女の英語力は、これからより／もっと上達していくと思われる。

(14) 재해에 대비해서 식료품을 사 두었다.
→ 災害に備えて食料品を買っておいた。

(15) 반죽은 1시간 정도 숙성되게 놔 두세요.
→ 生地は1時間ほど寝かせて／寝かしておいてください。

(16) 아직 더워서 창문을 열어 두었다.
→ まだ暑くて窓を開けておいた。

(17) 콜라 한 병을 단숨에 마셔 버렸다.
→ コーラ1本を一気に飲んで／飲み干してしまった。

(18) 야키소바(焼きそば) 곱빼기를 10분 만에 다 먹어 버렸다.
→ 大盛り焼きそばを10分で食べて／食べきってしまった。

(19) 마지막 전철을 놓쳐 버렸다.
→ 終電を逃がしてしまった。

(20) 기르던 강아지가 죽고 말았다.
→ 飼っていた犬が死んでしまった。

Writing2.

(1) 나는 1년 전부터 서예를 해오고 있다. 서예를 하고 나서 급했던 성격도 바뀌어 가고 있다. (書道, やる, せっかちだ, 変わる)
→ 私／僕は、1年前から書道をやってきている。書道をやってからせっかちだった性格も変わっていっている。

(2) 하루에 많은 아이들이 태어나고 있다. 한편으로 많은 노인들은 세상을 떠나고 있다. 하지만 지구의 인구는 매년 늘어나고 있다. (産まれる, 一方, 亡くなる, 増える)
→ 一日にたくさん／多くの子供たちが産まれている。一方、たくさん／多くの老人たちは亡くなっている。しかし／だが、地球の人口は毎年増えてきている。

(3) 화석연료를 다 써 버리기 전에 대체 에너지를 개발해 나갈 필요가 있다. (化石燃料, 使う, 切る, 代替エネルギー, 開発する)
→ 化石燃料を使い切ってしまう前に代替エネルギーを開発していく必要がある。

(4) 한일 학생들은 모두들 헤어짐을 아쉬워하고 있었고 앞으로도 계속 교류해 나갈 것을 약속했다. (別れ, 惜しむ, 交流する, 続ける)

→ 日韓／韓日の学生／生徒たちは、みんな別れを惜しんでいて／惜しんでおり、これからも交流し続けていくことを約束した。

(5) 만일의 사태에 대비해서 식료품과 의료용품을 비축해 둡시다. 식료품을 다 소비해 버린 경우에는 이웃끼리 서로 도웁시다. (万が一, 備える, 備蓄(びちく)する, 食べ切る, 隣人(りんじん), 助ける, 合う)

→ 万が一の事態に備えて／備え、食料品と医療用品を備蓄しておきましょう。食料品を食べ切ってしまった場合は、隣人同士で助け合いましょう。

(6) 벌써 고등학교를 졸업하고 1년이 지났다. 내가 좋아하는 일과 잘 하는 일을 찾아 나가 알찬 대학생활을 보내고 싶다. (経(た)つ, 探す, 充実する, 送る)

→ もう高校を卒業してから1年が経つ。私／僕の好きなこととできることを探していって／いき、充実した大学生活を送りたい。

(7) 한국과 일본은 인접해 있기 때문에 역사적으로 빈번하게 교류해 왔고 앞으로도 계속해서 교류해 나갈 것이다. (隣接する, 頻繁(ひんぱん)に, 交流する)

→ 韓国と日本は隣接しているため、歴史的に頻繁に交流してきていて／きており、これからも交流し続けていくだろう／であろう。

(8) 초여름 바람이 상쾌해서 창문을 열어 두었다. 계절이 바뀌어 가는 모습을 보고 있는 것도 삶의 즐거움 중 하나다. (初夏, 爽(さわ)やかだ, 開ける, 変わる, 様子, 人生, 楽しみ)

→ 初夏の風が爽やかで／爽やかだったから窓を開けておいた。季節が変わっていく様子を見ているのも人生の楽しみの1つだ／である。

第8課 火事が起きたら、まず通報しましょう。

Writing1.

(1) 겨울이 되면 눈이 온다.

→ 冬になると／なれば雪が降る。

(2) 지구와 달과 태양의 위치가 일직선이 되면 개기일식이 일어난다.

→ 地球と月と太陽の位置が一直線になると／なれば皆既日食が起きる／起こる。

(3) 아, 전원 켜는 방법을 모르세요? 여기를 길게 누르면 돼요.
→ あ、電源のつけ方が分からないの／んですか。ここを長めに押せばいいの／んです。

(4) 설명서에 '손잡이를 위쪽으로 당기면 접을 수 있습니다'라고 써 있어.
→ 説明書には「レバーを上のほうに引けば畳むことができます」と書いてあるよ。

(5) 여기서 똑바로 가면 교차로가 나와요. 거기서 좌회전하면 한국외대예요.
→ ここからまっすぐ行くと交差点に出ます。そこで左側に曲がると韓国外大です。

(6) 문을 열었더니 친구들이 '생일 축하해!'라고 큰소리로 축하를 해주었다.
→ ドアを開けたら友達が「(お)誕生日、おめでとう！」と大きい声で祝ってくれた。

(7) 방에 아무도 없는 줄 알았더니 엄마가 자고 있었다.
→ 部屋に誰もいないと思ったらお母さんが寝ていた。

(8) 점심을 많이 먹었으면 다이어트를 위해 저녁은 건너뛰자.
→ 昼ごはんをたくさん／一杯食べたら、晩ごはんは抜こう。

(9) 점심을 많이 먹을 거라면 아침은 간단하게 끝내는 게 좋겠다.
→ 昼ごはんをたくさん／いっぱい食べるなら、朝ごはんは簡単に済ませたほうがよさそうだ／いいと思う／いいだろう。

(10) 다음 주 별 일 없으면 한 잔 할까?
→ 来週、暇だったら飲む？／飲もうか。

(11) 김수호 씨라면 저기 전화 받고 있는 사람인데요.
→ キム・スホさんなら、あそこで電話に出ている人です(よ)。

(12) 이삿짐센터라면 역시 A센터가 가장 친절하고 가격도 적당하다.
→ 引越センターなら、やはりAセンターが一番親切で値段もリーズナブル／手ごろだ。

(13) 잘 안 들리니까 조금만 더 크게 말해줘.
→ よく聞こえないからもう少し(だけ)大きい声で話して。／話してくれる？

(14) 아이가 자고 있으니까 나중에 통화하자.
→ 子供が寝て(い)るから後で電話しよう／電話は後にしよう。

(15) 문이 고장 나서 집주인에게 고쳐 달라고 했습니다.
→ ドアが壊れたので、大家(さん)に直してもらいたい／いただきたいと言いました。

(16) 이걸로 수리는 다 끝났으니 또 무슨 문제가 생기면 전화 주십시오.
→ これですべての修理は終わりました／終わったので、また何かありましたら／あったらお電話ください。

(17) 산사태가 발생하여 주민에게 피난지시(避難指示)가 발령되었다.
→ 山崩れが発生したため、住民に避難指示が出た／発令された。

Writing2.

(1) 교통사고가 나면 먼저 경찰에 신고를 해야 한다. 만약 가해자가 경찰에의 신고를 주저한다면 지명수배범이 아닌지 의심할 필요가 있다. (通報, 渋る, 指名手配犯, 疑う)
→ 交通事故になると／なったら、まず警察に通報(を)しなければならない。もし加害者が警察への通報を渋ったら指名手配犯なのかどうか(を)疑う必要がある。

(2) 많은 사람들이 복권에 당첨되면 행복해질 것이라고 믿기 때문에 매년 복권 구입액은 증가일로에 있다고 한다. (宝くじに当たる, 購入額, 増える, 一方)
→ 多くの人が宝くじに当たると／当たれば幸せになれると信じるため(に)、毎年、宝くじ購入額は増える一方だと言う。

(3) 한국에서도 큰 지진이 일어날 가능성이 있으므로 이제라도 지진대책을 제대로 강구해 둘 필요가 있다. 지진에 대비해 두지 않으면 피해는 막대해진다. (可能性, 対策を講じる, 備える, 甚大(じんだい)だ)
→ 韓国でも大地震が起きる／起こる可能性があるため、今からでもしっかり地震対策を講じておく必要がある。地震に備えておかないと、被害は甚大になる。

(4) 공교롭게도 오늘은 만석 상태라서 예약하시지 않은 분은 탑승하실 수 없습니다. 시간이 없으시다면 저쪽에서 택시를 이용하실 수 있습니다. (あいにく, 本日, 満席, ご予約いただく, ご搭乗になれない, 急ぐ, ご利用いただける)
→ あいにく本日は満席状態なので、ご予約いただいていない方はご搭乗になれません。お急ぎでしたら／だったら、あちら(のほう)でタクシーをご利用いただけます。

(5) 지구가 태양을 한 바퀴 도는 데에는 365.25일 걸리기 때문에 4년에 한 번 윤달을 넣는다. 윤달을 넣지 않으면 1년은 364일이 되어 버리기 때문이다. (地球, 太陽の周り, 一周する, 閏年(うるうどし))
→ 地球が太陽の周りを一周するには365.25日かかるため、4年に一度、閏年を入れている。閏年を入れないと、1年は364日になってしまうからだ／である。

第9課 要約文と自己PR文を書こう。

자유 작문

第10課 先生に教えてもらおう。

Writing1.

(1) 이 동물원에서는 동물에게 먹이를 주는 행위는 금지되어 있다.
→ この動物園では動物にエサをやる／与える行為は禁じられて／禁止されている。

(2) 초콜릿을 줬더니 울던 동생이 뚝 그쳤다.
→ チョコレートをあげたら、弟／妹がぴたりと泣き止んだ。

(3) 수호가 미나에게 직접 만든 인형을 주었다.
→ スホがミナに手作り人形をあげた。

(4) 두 세트 사 주신 분께는 최고급 수건세트를 드립니다.
→ 2セットお買い上げいただいた方には最高級タオルセットを差し上げます。

(5) 네 놈한테는 반드시 이겨주겠다.
→ 貴様(きさま)には必ず勝ってやる。

(6) 반항기이니까 어머님이 아드님을 이해해 주세요.
→ 反抗期です／だから、お母さま／お母さんが息子さんを理解してあげてください。

(7) 이 목걸이는 남자친구가 준 것이다.
→ このネックレスは彼がくれたものだ。

(8) 길을 잃어서 난감하던 차에 친절한 사람이 길을 알려주었다.
→ 道に迷って困っていたところ、親切な人に道を教えてもらった／親切な人が道を教えてくれた。

(9) 잘못했다. 그러니 용서해다오.
→ 悪かった。だから許してくれ。

(10) 신이시여, 저에게 용기를 주십시오.
→ 神様、私に勇気をください。

(11) 제 리포트를 꼼꼼하게 봐주셔서 감사합니다.
→ 私のレポートを丁寧に見ていただいて／見てくださってありがとうございます。

(12) 여자친구에게 생일선물로 손목시계를 받았다.
→ 彼女に／から誕生日プレゼントとして腕時計をもらった。

(13) 저기요, 물수건 좀 주시겠어요?
→ すみません、おしぼり、もらえますか。

(14) 죄송하지만, 내일 조금 일찍 와 주실 수 있나요?
→ すみませんが／恐れ入りますが、明日、少しだけ早めに来てもらえますか／いただけますか。

(15) 어려울 때 도와주는 사람이 진정한 친구다.
→ 困った時に助けてくれる人が真の友達だ／である。

(16) 송구스럽지만, 여기에 사인해 주시겠습니까?
→ 恐れ入りますが、こちらにサインをいただけますか。

(17) 부적절한 발언은 삼가해 주셨으면 합니다.
→ 不適切な発言は慎んでいただきたい。

Writing2.

(1) 옛날 일본에서는 세뱃돈으로 아이들과 아랫사람들에게 떡을 주었다고 한다. 요즘 어린이들은 세뱃돈으로 떡이 아닌 돈을 받는다. (お年玉(としだま), お餅(もち), 目下の人)
→ 昔の日本では、お年玉として子供たちと目下の人にお餅をあげたと言う。最近の子供たちはお年玉としてお餅ではなく、お金をもらっている／もらう。

(2) '사랑은 받는 것이 아니라 주는 것'이라는 가사가 있다. 좋아한다고 해서 일방적으로 무언가를 요구하기만 하면 상대방이 지쳐 버릴지도 모른다. (相手, 求める, 疲れる)
→ 「愛とは、もらうものではなく、あげるものだ」という歌詞がある。好きだからと言って／言い、一方的に何かを求めてばかりいると、相手が疲れてしまうかもしれない。

(3) 부모가 아이를 키우는 것은 아이를 사랑해서이지 아이가 성인이 된 다음에 보답해주기를 바

라서가 아니다. 특히 성인이 되었다면 부모로부터의 송금을 당연하게 여겨서는 안 된다. (育てる, 恩返(おんがえ)し, 仕送り, 当たり前, 思う)

→ 親が子供を育てるのは、子供を愛するからであって／あり、子供が大人になった後(に)／成人した後(に)、恩返し(を)してくれることを望むからではない。特に、大人になったら／成人したら、親からの仕送りを当たり前のように思ってはならない／いけない。

(4) 아, 물을 너무 많이 넣었다. 망했다. 엄마는 제대로 가르쳐줬는데 막상 내가 하려고 하면 잘 안 되네. 다시 가르쳐 달라고 해야지. (やらかす, いざ, うまくいく)

→ ああ、水を入れすぎてしまった／すぎちゃった。やらかしたな…。お母さんはちゃんと教えてくれたのに、いざ自分でやろうとするとうまくいかないなぁ。また教えてもらおう。

(5) 이번 불상사에 대해서는 당사자인 C씨께 직접 사과를 받고 싶습니다. 사과지 않는 경우에는 확 고소해 버릴 거예요. (今回, 不祥事(ふしょうじ),当事者, 謝(あやま)る, 訴える, やる)

→ 今回の不祥事については当事者であるCさんに直接謝ってもらいたいです。謝らない場合は、訴えてやりますから。

Level Up1

(1) あなたの許可を得てパスポートを見たいのですが、そうしてもいいですか。

→ パスポートを見させていただいてもよろしいでしょうか。

(2) ありがたいことに、大先輩であるAさんと一緒に仕事をしました。

→ 大先輩であるAさんと仕事をご一緒させていただきました。

(3) (改まったニュアンスで)この列車は、10分後、東京駅に到着します。

→ この列車は、10分後、東京駅に到着いたします。

(4) (改まったニュアンスで)この飛行機は、すぐ離陸します。

→ この飛行機は、まもなく離陸いたします。

第11課 どうも犯人は逃げたようだ。

Writing1.

(1) 인연이 있으면 분명 다시 만날 수 있겠지.
→ 縁があれば、また会えるだろう。

(2) 이번 사태의 영향으로 관광객 수는 필시 줄어들 것이다.
→ 今回の事態の影響で観光客数は恐らく減る／減少するだろう／であろう。

(3) 아무래도 저 애도 우리 아들처럼 입이 짧은 것 같네.
→ どうやらあの子もうちの息子のように／みたいに食が細いようだね／みたいだね。

(4) 일본은 우측통행이라는 것에 당황하는 한국인도 꽤 있는 듯하다.
→ 日本は右側通行ということに戸惑う韓国人もかなりいるようだ。

(5) 꼬마야, 너 아이스크림 좋아하나 보구나.
→ (ねえ、)ぼく、アイスクリーム好きみたいだね。

(6) 걔, 이번 입시에도 안 된 것 같아.
→ あの子／あいつ、今回の入試／受験でも駄目だったみたいだ。

(7) 겉보기에는 매워 보였는데 먹어보니 그렇게까지 맵지는 않았다.
→ 見た目は辛そうだったが、食べてみたらそこまで辛くはなかった。

(8) 천둥도 치고 강풍도 불어서 지금이라도 비가 올 것 같다.
→ 雷も鳴って強風も吹いてきて／吹いていて今にも雨が降りそうだ。

(9) 뭘 먹을까? 그래, 이게 좋을 것 같다.
→ 何を食べようかな。そうだ、これがよさそうだ。

(10) 비싼 것에 비해 디자인이 그저 그래서 아무도 안 살 것 같다.
→ 高い割にはデザインがいまいちで／だから、誰も買わなさそうだ。

(11) 이 극단의 공연 티켓은 10분 만에 매진되었다고 합니다.
→ この劇団の公演チケットは10分で売り切れた／売り切れになったそうです。

(12) 한국 대표팀이 승부차기에서 4대3으로 이겼대.
→ 韓国代表チームがPK戦で4対3で勝ったそうだよ。

(13) 올해는 화이트 크리스마스가 될 거래. 우리 멍멍이도 좋아하겠다.
→ 今年はホワイトクリスマスになるそうだよ。うちのワンちゃんも喜ぶだろうな。

(14) 블랙커피를 마시고서 운동을 하면 지방이 더 잘 연소된다더라.
→ ブラックコーヒーを飲んでから運動をすると、脂肪が燃えやすく／燃焼しやすくなるらしい(よ)。

(15) 두 선수는 라이벌에 걸맞게 명승부를 보여주었다.
→ 両選手はライバルらしく名勝負を見せてくれた。

(16) 소년은 얼굴에 아직 앳된 모습이 남아 있었지만 제법 남자 다웠다.
→ 少年は顔にまだあどけなさが残っていたが、なかなか男らしかった。

(17) 처음에는 지루할지 모르겠지만, 읽다 보면 재미있을 거야.
→ 最初は退屈かもしれないけど、読んでいるうちに面白くなるよ／なってくるよ／なると思うよ。／なってくると思うよ。

(18) 남자친구 생일선물로는 이 팔찌가 딱 일지도 모르겠네.
→ 彼／彼氏への誕生日プレゼントとしては、このブレスレットがぴったり／ちょうどいいかも(しれない)ね。

(19) 이번에는 저 후보가 당선될 것임에 틀림없다.
→ 今回／今度は、あの候補が当選するに違いない。

(20) 그런 시대착오적인 말을 하면 세상의 웃음거리가 될 것임에 틀림없다.
→ そんな時代遅れのことを言うと／言ったら、世間の笑いものになる／世間に笑われるに違いない。

(21) 제가 극비리에 결혼식을 올렸다는 소문은 당연히 거짓말입니다.
→ 私／僕が極秘で挙式した／結婚式を挙げた／式を挙げたという噂は嘘に決まっています。

(22) 잘 생겼지, 성격 좋지, 운동 잘 하지, 쟤는 인기가 없을 수가 없네.
→ イケメンだし、性格もいいし、運動もできるし、あの子／あいつはモテるに決まってるなぁ。

Writing2.

(1) 아무래도 출구를 잘못 나온 것 같다. 출발시간까지는 아직 1시간 정도 남았으니까 잘하면 시

간 안에 갈 수 있을 것 같다. (間違える, 間に合う)

→ どうやら／どうも出口を間違えたようだ／みたいだ。出発時間まではまだ1時間ほど残っているから、うまくいったら間に合いそうだ。

(2) 요동치던 주식시장과 외환시장도 오후에는 안정을 찾을 것으로 보인다. 그에 따라 적극적으로 도쿄시장에 투자하는 외국인도 늘 것이다. (乱高下, 株式, 為替, 落ち着く)

→ 乱高下していた株式市場と為替市場も午後には落ち着きそうだ。それによって、積極的に東京市場に投資する外国人も増えるだろう。

(3) 사랑하니까 헤어진다는 말은 당연히 거짓말이다. 금방 헤어질 것 같은 사람과 사귀는 사람은 거의 없기 때문이다. 그런 말을 하는 사람은 바람둥이일 것이다. (別れる, 付き合う, ほとんど, 浮気者)

→ 愛するから別れるという話は嘘に決まっている。すぐ別れそうな人と付き合う人はほとんどいないからだ。そんなことを言う人は浮気者に違いないだろう。

(4) 여론조사에 따르면 내각지지율은 '지지하지 않는다'가 '지지한다'를 크게 웃돌았다고 한다. 따라서 이번 총선에서는 정권교체가 이루어질 가능성이 높을 것 같다. (世論調査, 内閣支持率, 上回る, 総選挙, 政権交代)

→ 世論調査によると、内閣支持率は「支持しない」が「支持する」を大きく上回ったと言う。よって、今度の総選挙では政権交代が起きる／政権交代が行われる可能性が高そうだ。

(5) 아무리 열심히 해도 일이 끝날 기미를 보이지 않는다. 하지만 이번 주까지 끝내 놓지 않으면 점장님에게 혼날 것이 뻔하다. (頑張る, 終わる, 済ませる, 店長, 怒る)

→ いくら頑張っても仕事が終わりそうもない。でも、今週末までに済ませておかないと、店長に怒られるに決まっている。

(6) 아마 내가 그런 재수 없는 말을 하지 않았다면 이런 사고도 나지 않았겠지. 운전을 방해할 만한 말은 이제 안 할게. 이런 사고가 나다니 정말 어처구니가 없다. (縁起でもない, 事故に遭う,邪魔になる, バカ)

→ 多分、私／僕がそんな縁起でもないことを言わなかったら、こんな事故も起きなかっただろう。運転を邪魔するようなことはもう言わないから。こんな事故が起きるなんて、本当にバカみたいだ。

第12課 ビジネスメールを書こう。

Writing1.

(1) こんにちは。〇〇社のチェです。返事、ありがとうございました。
→ お世話になっております。〇〇社のチェでございます。ご返信、ありがとうございました。

(2) キムです。送ってくれたカタログ、見ました。
→ キムでございます。お送りいただいたカタログ、拝見いたし／しました。

(3) 今回の出張には、佐藤課長も来るのですか。
→ この度のご出張には、佐藤課長もお見えになる／いらっしゃるのでしょうか。

(4) さっき、主任の山田から連絡したと思います。
→ 先程、主任の山田よりご連絡申し上げ／したと存じます。

(5) 東京出張のスケジュールはまだ決まっていません。
→ 東京出張のスケジュールはまだ決まっておりません。

(6) 飛行機の半券は、経費申請の時に使えます。
→ 飛行機の半券は、経費申請の際にお使いになれます。

(7) うちの店に来る時は、まえもって予約してもらえますか。
→ ご来店の際は、あらかじめご予約いただける／ますでしょうか。

(8) ライバル社のマーケティング戦略についてはどう考えていますか。
→ ライバル社のマーケティング戦略については／つきましてはいかがお考えでしょうか。

(9) 原材料が値上がりしたので、その価格で販売するのは難しいと思います。
→ 原材料が値上がりした／ましたので、その価格での販売は難しく存じます。

(10) 山田課長なら名前だけは知っています。
→ 山田課長ならお名前だけは存じ上げております。

(11) あさってから商品を送っていきたいと思います。
→ 明後日から商品を送ってまいりたく存じます。

(12) メールに添付ファイルがありません。すみませんが、もう一度送ってもらえますか。
→ メールに添付ファイルがございません。申し訳ございませんが／恐縮ですが、もう一度お送りいただけないでしょうか。

(13) 今日、ソウルに出発します。すみませんが、数日間、面倒をかけます。
→ 本日、ソウルに出発いたします。恐縮ですが／恐れ入りますが、数日間、お世話になります。

(14) 新しい事業への参加を検討するようにお願いします。
→ 新しい事業へのご参加をご検討いただけますようお願いいたし／申し上げます。

(15) 季節の変わり目、健康には気をつけてください。
→ 季節の変わり目、くれぐれもご自愛ください。

Writing2.

下記のビジネスメールの空欄を適切な日本語で埋めましょう。

(いつもお世話になっております。)。
ソウル商社のイでございます。先日は、わざわざご足労をいただき、ありがとうございました。おかげさまで、無事に契約を成功させることができました。再度、感謝申し上げます。本日は、この度の契約と関連しまして(申し上げたい／ご報告したいことがあり、メールいたしました)。先日の契約の担当者の一人である主任のパクが中国支部への転勤が決まったのでございます。そのため、これよりは、(パクに変わり、主任のチョンが引き続き、貴社との契約の件を担当することになりました)。チョンは実務経験が豊富で、貴社との取引におきましても十分な実績を積んでおります。もし契約におきまして何かありましたら、チョンに(ご連絡いただければ幸いでございます)。(急なお知らせを申し上げてしまい)、大変恐縮でございます。チョンには別途、ご連絡申し上げるよう伝えてありますので、何卒(宜しくお願いいたし／申し上げます)。貴社の(益々のご発展をお祈り申し上げます)。それでは、失礼いたします。

下記のビジネスメールの空欄を適切な日本語で埋めましょう。

東京△△社の製品開発部課長の伊藤です。(お世話になっております)。海外事業部の田中より(新製品のことでご連絡いただいたと聞いております)。弊社の新製品にご関心をお持ちいただき、大変嬉しく存じます。この度、弊社で開発した円型太陽光発電パネルは、従来の太陽光パネルに比べ、その効率の良さとコンパクトさにおきまして圧倒的に優れております。もし(ご希望であれば)、カタログをお送りすることも可能でございます。カタログには製品の仕様と特長、そして発電容量別の価格が書いてあります。カタログを(ご覧になって／目を通していただいてから、ご購入いただけるようでしたら)、弊社の海外事業部の担当者が渡韓し、直接伺い、サンプルをお見せいたしながら詳しくご説明申し上げられます。ごゆっくり(ご検討いただいてから)、またご連絡いただければ幸いでございます。 何卒宜しくお願いいたします。それでは、ご返信、お待ちしております。 失礼いたします。

第13課 第13課いい結果があるはずだ。

Writing1.

(1) 일본어 한자는 일본인이라도 못 읽는 한자가 많단다.
→ 日本語の漢字は日本人でも読めない漢字が多いの／んだ。

(2) 여기는 세게 누르지 마세요. 고장이 날 수도 있거든요.
→ ここは強く押さないでください。壊れる／故障する可能性があるんです。

(3) 저는 그 아이를 믿는답니다. 교사가 학생을 안 믿으면 누가 믿는단 말입니까?
→ 私／僕はあの子を信じるんです。 教師が生徒／学生を信じないと誰が信じるんですか。

(4) 아빠, 조금만 왼쪽으로 가요. 언니 얼굴이 안 찍히거든요.
→ お父さん、ちょっとだけ左のほうに行って／動いて。姉さん／姉ちゃんの顔が写らないんだよ／写らないのよ。

(5) 아, 일본에서는 춘분, 추분이 휴일이구나. 몰랐네.
→ ああ、日本では春分の日と秋分の日が休日なんだ。知らなかった。

(6) 침착해. 너라면 분명 잘 할 수 있을 거야.
→ 落ち着くんだ。君／お前ならきっとできるよ。

(7) 선생님이 책상 위에 두었다고 하셨으니까 분명 거기 있을 거야.
→ 先生が机の上に置いたと言ったから、そこにあるはずだよ。

(8) 이 품질에 이 가격이라면 고객들도 분명 만족할 것이다.
→ この品質にこの値段／価格ならお客さん(たち)も喜ぶはずだ。

(9) 그녀는 반드시 약속은 지킨다. 약속시간에 안 올 리가 없다.
→ 彼女は必ず約束は守るの／んだ。約束の時間に来ないはずがない。

(10) 무슨 연유로 그런 거짓말을 한 거지요?
→ どういう訳でそんな嘘をついたの／んですか。

(11) 1시간에 몇 번이나 비가 왔다가 날이 맑았다가 하다니 영문을 모르겠다.
→ 1時間に何回も雨が降ったり、晴れたりするなんて訳が分からない。

(12) 미리 예약으로 에어컨을 틀어 놓아서 시원한 거구나.
→ 前もって予約でクーラーをつけておいたから涼しいわけだね。

(13) 원래 저 두 사람은 초등학교 동창이어서 친한 거구나.
→ そもそもあの二人は小学校の同級生だから仲がいいわけだね。

(14) 북극성을 보고 있을 때 우리는 약 430년 전의 빛을 보고 있는 셈이다.
→ 北極星を見ている時、私たちは約430年前の光を見ているわけだ／である。

(15) 이러한 연유로 새로운 조례를 정한 것입니다.
→ こういう訳で新しい条例を定めたの／んです。

(16) 연말에는 아무데도 가지 않고 집에서 지낼 생각이다.
→ 年末はどこにも行かないで家で過ごすつもりだ。

(17) 학교 측을 비난할 생각은 없지만 지금의 집단 괴롭힘 대책은 너무 느슨하다.
→ 学校側を非難するつもりはないが、今のいじめ対策は緩すぎる。

(18) 건강을 위해 운동을 한 거였는데 오히려 허리를 다치고 말았다.
→ 健康のために運動をしたつもりだったが／なのに、むしろ腰を痛めてしまった。

(19) 소독할 생각으로 지폐를 전자레인지에 넣고 돌리는 것은 매우 위험하다.
→ 消毒のつもりで紙幣を電子レンジにかけるのは非常に危険だ／である。

(20) 항상 신인의 마음으로 무대에 서고 있습니다.
→ いつも新人のつもりでステージ／舞台に上がっています。

Writing2.

(1) 너는 나의 추억인데 나는 너의 무엇이란 말인가? 잊었을 기억이 되살아난 것은 오래된 사진이 발견됐기 때문이리라. (思い出, 蘇(よみがえ)る, 古い, 見つかる, だろう)
→ 君は僕の思い出だが、僕は君の何なのだ。忘れたはずの記憶が蘇ったのは古い写真が見つかったからだろう／であろう。

(2) 과열된 경기를 안정시키기 위해 실시했을 터인 금리인상이 반대로 환율시장을 불안정하게 하여 역효과를 가져오고 말았다. (過熱する, 落ち着かせる, 引き上げ, もたらす)

→ 過熱した景気を落ち着かせるために実施したはずの金利引き上げが逆に為替市場を不安定にさせ、逆効果をもたらしてしまった／しまったのだ／しまったのである。

(3) 말썽을 부린 적 없는 아이가 나쁜 짓을 저질렀을 때 '우리 아이가 그런 나쁜 짓을 할 리가 없다'고 우기는 부모들이 있다. 부모이니까 자식을 믿고 싶은 것이다. (やんちゃをする, 悪事に走る, 言い張る, 信じる)

→ やんちゃをしたことのない子供が悪事に走った時、「うちの子がそんな悪いことをするはずがない」と言い張る親たちがいる。親だから(こそ)子供を信じたいわけだ／である。

(4) 배울 의지가 없는 학생에게 '열심히 하는 거다', '하면 된단 말이다'고 외치는 교사의 말은 공허했다. 그런 말로 문제아로 찍힌 아이들의 마음이 움직일 이유가 없었다. (学ぶ, 頑張る, やればできる, 叫ぶ, 空虚だ, 問題児, レッテルを張る)

→ 学ぶ意欲のない生徒たちに「頑張るのだ」、「やればできるのだ」と叫ぶ教師のことばは空虚だった／であった。そんな言葉で問題児のレッテルが張られている子供たちの心が動くわけがなかった。

(5) 남자가 여자의 기분을 풀어주려고 한 말이 오히려 여자의 기분을 상하게 할 때가 있다. 남자와 여자의 언어처리과 의사소통 방식이 근본적으로 다르기 때문에 이런 일이 벌어지는 것이다. (なだめる, 気分を害する, 処理, コミュニケーション, 異なる)

→ 男性が女性をなだめたつもりで言ったことが逆に／かえって女性の気分を害する時／ことがある。男性と女性の言語処理とコミュニケーションのやり方／方式が根本的に異なっているため、こういうことが起きるわけだ／である。

(6) 내가 그 날 말없이 집에 간 거에는 다 이유가 있었단 말이야. 사실 그 날 몸이 좋지 않았거든. 즐거워야 할 뒤풀이 자리에서 나만 안 좋은 얼굴을 하고 있으면 민폐일 것 같아서 먼저 집에 간 거야. (黙る, ちゃんと, 具合が悪い, 打ち上げ, 浮かない顔, 迷惑)

→ 私／僕があの日、黙って帰ったのにはちゃんと理由／訳があったんだよ。実は、あの日、具合が悪かったんだ。楽しいはずの打ち上げの場で私／僕だけ(が)浮かない顔をしてると、迷惑かな／かも(しれない)と思って先に帰ったんだよ。

(7) 오늘 아침 전철에서 갑자기 모르는 남자가 다가와서 영혼이 어쩌니 액막이가 어쩌니 하는 둥 당최 영문을 알 수 없는 소리를 해 왔다. 무서워서 '됐거든요!' 하고 자리를 옮겼다. '세상에는 별 사람이 다 있구나' 하고 생각했다. (突然, 近づく, 霊, 厄除け, ～だの～だの, いい, 移す, 世の中, 色んな, ものだ)

→ 今朝、電車で突然知らない男が近づいてきて、霊だの、厄除けだの訳の分からないことを言ってきた。怖くて「いいんです」と言って席を移った。「世の中には色んな人がいるもの／もんだな」と思った(のだ)。

第14課　白を切っても無駄だ。

Writing1.

(1) 머리 좋은 사람의 특징 중 하나는 날카로운 질문을 한다는 점이다.
→ 頭の切れる人の特徴の１つは、質問が鋭いということである。

(2) 닥치는 대로 오디션을 봤더니 끝내 한 곳에 합격했다. 그저 길을 가다 보면 행운을 만날 날도 있다더니 바로 이런 것을 말하나 보다.
→ 手当たり次第にオーディションを受けたら、やっと1か所に合格できた。犬も歩けば棒に当たるとはまさにこのことだ。

(3) 가게 형편이 어려웠는데 전단지를 보고 들어온 처음 보는 손님이 매일 와주었을 뿐만 아니라 단체예약까지 해주었다. 호박이 넝쿨째 굴러들어온 기분이다.
→ 店の経営が火の車だったが／苦しかったが、チラシを見て入ってきた初見のお客さんが毎日来てくれるだけでなく団体予約までしてくれた。鴨が葱を背負ってきたような気分だ。

(4) 모든 여성이 미남인 사람을 좋아하는 것은 아니다.
→ すべての女性が二枚目が好きなわけではない。

(5) 담임 선생님이 오늘은 심기가 불편한 것 같다.
→ 担任の先生は今日、お冠のようだ。

(6) 네가 아까 내 과자 먹는 것, 다 봤단 말야. 시치미 뗄 생각이야?
→ お前／あんたがさっき私／僕のお菓子食べるのを見たんだよ。白を切るつもり？

(7) 사토(佐藤) 선배, 처음 보는데 반말로 명령하더라. 되게 고압적인 사람이야.
→ 初対面なのに佐藤先輩にため口で命令されたんだ。すごく高飛車な人だよね。

(8) 21세기에 무슨 남존여비를 따져? 진짜 속 터지는 소리하고 있다니까.
→ 21世紀に何が男尊女卑なんだよ。もう辛気臭いこと言ってるんだから。

(9) 재해지에 피해가 퍼지고 있는데 뒷북 대책을 내놓았다.
→ 被災地に被害が広がっているのに／にもかかわらず、対策が後手に回っている。

(10) 감독이 똑바로 하라고 혼내도 선수들은 건성으로 대답할 뿐이었다.
→ 監督にしっかりしろと怒られても、選手たちは生返事をするばかりだった。

(11) 이 영화의 매력은 일일이 다 들 수 없을 정도다.
→ この映画の魅力は枚挙に暇がないほどである。

(12) 만취해서 갈지자로 걷고 있는 사람을 힐끔 봤더니 바로 우리 아버지였다.
→ 酔っぱらって千鳥足で歩いている人をちらっと見てみたら、親父／お父さんだった(のだ)。

(13) 도대체 무슨 일인지 그녀는 그 일편단심이던 남자친구에게 이별통고를 받았다.
→ あろうことか、彼女はあの一途だった彼から別れを告げられた。

(14) 그 회사의 연봉은 60세가 되면 더 이상 오르지 않는다.
→ その会社の年収／年俸は60歳で頭打ちになる。

(15) 흥부는 놀부 처에게 곡식을 빌리러 갔지만 된서리만 맞았다.
→ フンブはノルブの妻に穀物を借りに行ったが、取り付く島もなかった。

(16) 그 평론가는 거침없는 발언으로 유명했다.
→ その評論家は歯に衣着せぬ発言で有名だった。

(17) 같은 비판이라도 에둘러서 말하는 쪽이 상대방에게 덜 상처를 준다.
→ 同じ批判でもオブラートに包んだような言い方のほうが相手を傷つけにくい。

Writing2.

(1) 이게 네 차야? 차가 좋네. 날씨도 좋은데 이 차로 드라이브라도 가는 건 어때?
→ これがお前／あんたの車なの(か)？いい車(だ)ね。いい天気だし、これ／この車でドライブでも行くのはどう？

(2) 그러면 오늘은 이만 실례하겠습니다. 연휴 잘 보내시기 바랍니다.
→ それでは、今日はこの辺で失礼いたし／します。よい連休を。

(3) 경제협력개발기구(OECD) 가입국을 대상으로 '이 나라에 태어난 것을 자랑스럽게 여기는가?'라는 설문조사를 하자 놀라운 결과가 나왔다.
→ 経済協力開発機構(OECD)加盟国を対象とし、「この国に生まれたことを誇りに思うか」というアンケート調査を行ったところ／行ったら、驚きの結果が出た。

(4) 아무리 일찍 일어나도 첫차는 못 탈 것 같으니까 6시 넘어서 오는 전철로 가자.
→ いくら早起きしても始発の電車には乗れそうもないから、6時過ぎの電車で行こう。

(5) 졸음을 쫓는 방법 중 하나로 괴로워질 때까지 숨을 참는 것을 들 수 있다. 하지만 괴로워질 때까지 숨을 참는 것은 말처럼 쉽지 않다.

→ 眠気を覚ます方法として苦しくなるまで息を止めることが挙げられる。しかし／だが、苦しくなるまで息を止めるの／ことは言うほど簡単ではない。

(6) 이 학생들은 큰 꿈과 가능성을 손에 쥐고 날아오를 것이다.

→ この学生たちは、大きな夢と可能性を手に羽ばたいていくだろう／であろう。

(7) 이 책은 내용이 너무 어려워서 읽을 엄두가 나지 않는다. 하지만 리포트 제출마감까지는 이틀밖에 남지 않았다.

→ この本は内容が難しすぎて読める気がしない。でも／しかし、レポートの締め切りまでは、あと2日しかない。

(8) 저기요, 말씀 좀 여쭙겠는데요, 이 근처에 우체국이 있나요?

→ すみません、ちょっとお聞きしますが、この辺に郵便局ってありますか。

(9) 이 소프트 아이스크림은 우유 맛이 아주 진하다. 간이 센 음식을 먹은 후의 디저트로 그만이다.

→ このソフトクリームは牛乳の味がとても濃厚だ。味の濃いものを食べた後のデザートとして最高だ。

(10) 요즘 저 대학교수가 화제의 중심에 있는 인물이다. 특히 돌발적인 발언으로 세간의 주목을 받고 있다.

→ 最近、あの大学教授が渦中の人物だ。特に唐突な発言で世間の注目を集めている。

(11) 지금의 사무 방식은 일을 합리적으로 진행시키기 위한 것이야. 그런데 자네는 사무 방식을 지키지 않으면서도 사과도 없이 자신의 잘못을 합리화하고만 있지 않은가?

→ 今の仕事のやり方は物事を合理的に進めるためのものなのだ。(それ)なのに、君は仕事のやり方は守らないくせに、謝ることもなく、自分のミスを正当化しているだけではないか。

(12) 지난 달 이 건물에 세입자로 입주했다. 그런데 오늘 갑자기 컴퓨터 뒷면에서 소음이 들려서 출장서비스를 신청했더니 기사가 바로 와서 문제가 되는 부분을 수리해 주었다. 하지만 수리비로 2만 엔이나 들고 말았다. 현금이 없어 할 수 없이 인터넷뱅킹으로 수리비를 이체했다.

→ 先月、このビルにテナントとして入居した。ところが、今日、突然、パソコンの背面から騒音が聞こえて、出張サービスを申し込んだら、専門スタッフがすぐ来てくれて、問題のパーツを直してくれた。しかし、修理代として2万円もかかってしまった。現金がなかったので、しかたなくインターネットバンキングで修理代を振り込んだ。

중급을 위한 Japanese Writing

초판 1쇄 2021년 3월 25일
초판 2쇄 2024년 1월 26일

지은이 한국외국어대학교 일본언어문화학부 교재편찬위원회
발행인 고윤성
기획 신선호 박경민
편집장 장혜정
도서편집 박미현
디자인 정정은 김대욱 최재영
인사행정 이근영
재무회계 김문규
전자책·사전 이지현
캐릭터 변혜준
발행처 한국외국어대학교 지식출판콘텐츠원
02450 서울특별시 동대문구 이문로 107
전화 02)2173-2494~7
FAX 02)2173-3363
홈페이지 http://press.hufs.ac.kr
전자우편 press@hufs.ac.kr
출판등록 제6-6호(1969. 4. 30)
인쇄·제본 (주)케이랩 053)583-6885

ISBN 979-11-5901-857-2 [13730]　　정가: 18,000원

* 잘못된 책은 교환하여 드립니다.

HU:iNE 은 한국외국어대학교출판부의 어학도서, 사회과학도서, 지역학 도서 Sub Brand이다. 한국외대의 영문명인 HUFS, 현명한 국제전문가 양성(International+Intelligent)의 의미를 담고 있으며, 휴인(携引)의 뜻인 '이끌다, 끌고 나가다'라는 의미처럼 출판계를 이끄는 리더로서, 혁신의 이미지를 담고 있다.